U0114755

中國近百年史話
中國史學ABC

曹聚仁 著

開明書店

曹聚仁

目錄

中國近百年史話

中國史學 ABC

中國近百年史話

引言

本書是曹聚仁先生寫的一本小冊子。這本《史話》開始於 19
世紀中葉，其時正當李鴻章所說的「三千年未有之變局」，也就
是我們一般所說的中國近代史開端；收尾至抗戰軍興。也可換一
種描述，說它縱貫晚清和民國。

就本書結構而言，首章「前詞」是總論概述性質，接下來的
22 章則依時間順序寫來，各章大致以人物為經線，以事件為緯
線。所拈出的重要歷史人物包括李鴻章、康有為、梁啟超、孫中
山、章太炎、袁世凱等，重要歷史事件則包括甲午海戰、洋務運
動、戊戌變法、辛亥革命、二次革命、五四運動等。

作為一本歷史讀物，《史話》的文字風格平易曉暢、簡潔而
生動，沒有教科書式的枯燥和刻板。史料之外，又徵引了不少
感性的文學材料，如黃遵憲、梁啟超的詩文和《新青年》上的言
論，以文入史，文史互證，有別於一般史家著述。

前詞　十九世紀之中國

　　寫上一個該用百萬字來鋪敍的大題目，想把它壓縮在頂小的篇幅裏，不知從什麼地方寫起才好。剛巧有一位牧師在談中國的土布，也就先說這個話題。十七世紀以前，由中國輸往歐美的土產，茶葉、瓷器以外，第三樣便是土布；（大黃還在其次。）到了十八世紀，蒸汽機、軋棉機、紡織機一登場，情勢完全改變了，土布既沒有輸出的機會，洋布卻湧進中國市場來了。那位牧師寫道：

　　　火柴從外來，洋油及洋油所帶來的各種，代替了中國工業的大部分，對社會有極大的影響。歐洲人讀了輪船公司的報告，說棉紗怎樣在中國暢銷，此種商業，從廣東到牛莊[1]，前途極可樂觀。但是沒有人想到或讀到，棉紗在中國暢銷的後果，怎樣影響到中國產棉地區千萬人的生計。

　　　這些農民，以前靠着紡織十五寸寬的土布來謀最低限度的生活，一尺布約須費兩天的勞力，（從棉—紗—布的總勞力。）向市場賣出這些布，再買進一家最低限度的生活必需品；餘則再買些棉花回來繼續紡織。現在呢，外

1　牛莊：明初稱牛莊驛，又稱牛家莊，是山海關至遼東的重要驛站，亦是遼河入海口的主要碼頭。1858 年後成為東北地區最早開放的通商口岸。棉紗等商品從海路運至牛莊（營口港）後，可轉輾銷售至東三省各地。

國的棉紗，有了可樂觀的前途，中國的土布便完全失掉了它們的市場；這情勢到如今越來越緊迫了。手工的紡織工作，既無利可圖，又沒有別的生產可以代替。（叫他們怎麼活下去呢？）

因此，他指出中國民眾的心理反應，說：

許多「文明人」逐漸地進攻中國的內地，中國的無數受禍者，自己不明白受災害的原因，好像日本農民被地震所造成的海水或海岸沉落所激起的潮水所淹沒一樣。其中，也有許多人想到：在外國商業未進來擾亂舊秩序以前，一般的年頭是夠吃夠穿的；現在什麼都沒有了，覺得前途一天一天地黯淡可怕；這樣的經驗，刺激了他們，使他們由憤激而行動，我們能怪中國人對「新秩序」表示極度的不滿意麼？

羅素在中國問題中也指出了這一點：

歐洲人的角逐，由非洲而亞洲，由近東而遠東，到了遠東，情勢便已不同了。東方人逐漸與西方政治思想接觸以後，便產生了民族主義的運動；這一運動，也正是法國大革命以後，十九世紀前半期瀰漫於歐洲各國的政治運動，東方人立刻追隨歐洲人之後，成為激進的門徒！

馬克思於太平軍向南京進發之際，曾大膽地斷定：「中國革命，將把火星拋到現代工業制度那裝滿着炸藥的地雷上，並引起早已成熟了的總危機底爆發。」他在百年前，做這樣的推斷或許還嫌稍早；但到了十九世紀後期，中國的每一次政治運動，都帶着民族自覺運動的成分，那倒是十分真實的。「洋人」在中國的邁步，恰好碰在民族主義的鐵絲網上。前年在上海有過一度如火如荼的勝利遊行，行列中夾着色彩鮮艷的秧歌隊，頭上包着一塊紅色方巾，一隊接着一隊，幾乎把上海變成了「火焰之海」。

一位親身經歷過義和團的老年歐洲人，他對我說：「當年的義和團，也就是這麼一個樣兒。」我便和他說：「義和團也是民族求生存的自覺運動！所不同者，那時是『半自覺』，行動散漫而幼稚！現在是完全覺悟了，這是有組織的行列。」他也點頭承認我的說法不錯。

一八四八年，在歐洲那是民族主義與民主政治最富理想意味、最能激起群眾反應的時期，卻又是著名的《共產黨宣言》出現之年。因此，中國的一切社會運動，除了濃厚的民治色彩，激越的民族自決，必定帶上社會主義的色彩。太平天國已經在那兒行「天朝田畝制度」，無政府主義也流行了一時，譚嗣同、康有為在那兒著《大同書》[1]，孫中山也把民族、民權配上民生主義，

1　《大同書》：康有為編著的一部叢書，1935 年由中華書局出版十卷本。利用今文經學的公羊三世說和《禮記・禮運》中的大同思想，吸收歐洲空想社會主義和達爾文進化論等思想，指出當時中國處於「據亂世」，須向歐美資本主義國家看齊，然後才能進入「太平世」即大同世界。

鼎立而為三。西方的每一波瀾，在東方同樣地獲得了迅速的反應；十九世紀的中國，才使我們體味到，中國已成為世界性之中國了。

不過，我不妨再引吉卜林[1]的那句詩：「東方自東方，西方自西方。」天下雖說是一家，東方的還是東方的；太平天國掛的是耶穌教的招牌，他們的天國、天父、天兄以及一切論調，還是東方的；曾國藩、李鴻章提倡洋務，他們所着眼的，乃是把西方的堅甲利兵來配我們的孔孟禮教，骨子裏更是東方的。康有為、梁啟超，提倡立憲政治，捧出孔孟和公羊的微言大義來做擋箭牌，託古以改制。孫中山要算帶西方的氣息最濃重的，結果還是要捧出東方的《禮運‧大同篇》來，託孔子來張民生主義的革命膽子。

倒是那位坐鎮武漢的兩湖總督張之洞，一語道破：「中學為體，西學為用。」十九世紀，朝野人士所打的斤斗，打來打去，還脫不了這八個大字的圈子。

東方的國家，最西方化的莫如日本；可是一位最東方化的英國人小泉八雲（他在日本講學，娶日女為妻，在日本成家，歸附了日本。），他依然說，日本的工業化，也還是東方的。經過了一個世紀的，對西方文化激烈反應之後，新的日本上場了，新的中國也上場了；到了十九世紀末，新的印度也已在孕育中了。

1　吉卜林（Rudyard Kipling，1865 — 1936）：19世紀末20世紀初著名作家和詩人，英國首位諾貝爾文學獎得主。

一　叛徒

這一本史話，託始於十九世紀中葉，那時正當李鴻章所說的「三千年未有之變局」。

相傳胡林翼和部下巡視安慶太平軍形勢，騎在馬上，洋洋自得，覺得太平軍不堪一擊，安慶指日可以收復了。這時候，忽見長江江面，一艘輪船嗚嗚駛過，他忽而一陣昏迷從馬上跌了下來。部屬把他救護回營，親信進候起居，他慨然道：「太平軍不足平，不成問題；倒是江面上的輪船，來日大難，不是我們所及料的了。」這是代表湘軍（楚軍淮軍）這些首腦人物的覺悟。這就開始了十九世紀的洋務運動。

一邊是洋務派，主張「中國欲自強，則莫如學習外國利器，欲學習外國利器，則莫如覓製器之器，師其法而不必盡用其人。」一邊是衛道派，認為「立國之道，尚禮義不尚權謀；根本之圖，在人心不在技藝。」這就展開最激烈的鬥爭。

當時，郭嵩燾公使，力主學習歐西物質文明；他從英國回國，一班衛道君子，口誅筆伐，逼得他無路可走，因此不敢進京面聖，溜着躲回湖南去。他親見曾紀澤坐小輪船奔喪到長沙，長沙官紳大嘩，數年不息。他們罵郭嵩燾是漢奸，「有二心于英國」，湖南的大學者，如王闓運之流，說「湖南人至恥與為伍」。還寫了一副對子嘲弄他：「出乎其類，拔乎其萃，不容於堯舜之

世。未能事人，焉能事鬼，何必去父母之邦！」（後來拳變事起，郎中左紹佐曾奏請戮郭嵩燾之屍以謝天下呢！）

《老殘遊記》的作者劉鶚，在當時也曾成為思想的叛徒。他在小說中描寫那時所謂公論：「看看一隻大船快沉了，那三人將自己的羅盤及記限儀器等取出呈上，舵工看見，到也和氣；那知那等水手裏面，忽然起了咆哮，說道：『船主，船主，千萬不可為人所惑！他們用的是外國羅盤，一定是洋鬼子差遣來的漢奸，他們是天主教。』三人垂淚，連忙回了小船。那知大船上人，餘怒未息，看三人下了小船，忙用被浪打碎的斷椿破板打下船去，……頃刻之間，將那漁船打得粉碎，看着沉下海去了！」這正是舊勢力壓迫新勢力的縮寫呢！

可是，時勢迫人，剛毅、王闓運、葉德輝那一群人心目中的叛徒，先後輩出，如有星宿下凡，只好付之氣數的了。那時，有兩個福建人，嚴復（幾道）和林紓（琴南），他們兩人，都能做桐城派[1]的古文，（出桐城吳汝綸之門。）而且做得很好。

嚴幾道從英國留學回國，（他本來也是學海軍的。）便用桐城古文筆法翻譯了赫胥黎的《天演論》，亞當·斯密的《原富》、斯賓塞的《群學肄言》，這三部書，可真是大逆不道。《天演論》說的是達爾文的進化論的道理，說人從猴子進化而來，並不一定是萬物之靈。《原富》把孔夫子所說「長國家而務財用者必是小

1　桐城派：清代文壇上最大的散文流派，亦稱「桐城古文派」，因其早期「四祖」戴名世、方苞、劉大櫆、姚鼐皆係江南安慶府桐城人而得名，由曾國藩正式打出旗號。桐城派強調文學的社會功用，重教化以端正人心風俗，主盟清代文壇 200 餘年，其影響延及近代。

人矣」的道理翻了過來，把孜孜為利當作聖人之大道。《群學肄言》，說甲地以為是的，乙地卻正以為非；這個國也不見得比那個國好，中國並沒有什麼可以自誇的地方。（針對着那時的自大狂。）他的老師吳汝綸還替這種學說做保鏢，寫了序文讚美他們。

林琴南，他是不懂洋文的，卻翻譯多種歐美的小說。那一部使他成名的《茶花女遺事》，就是一部以一個妓女的唯美主義為中心的小說。又如《迦因小傳》那個主角迦因，她還生了一個私生子來收場。新的劍就從舊的劍鞘裏躍出，這兩個福建人才真正是叛逆之徒。

福建的南邊，那一個濱海的廣東省，也產生了兩個叛逆之徒：康有為（南海）和孫文（中山）。康南海寫了一些怪書，《新學偽經考》《孔子改制考》，大鬧乾坤，在孔廟裏翻斤斗；還寫了一部《大同書》，通三統，張三世，搬出陰陽怪氣的公羊家，扯出變法維新的旗幟。這是一部無政府主義的書，裝在儒家的外衣裏。他們的百日維新，就替三千年的君主政治敲起喪鐘來了。

孫中山是在君主政治的棺木上敲上釘子的。那時候，大家把他當作紅眉毛綠眼睛的反寇看待，寫起他的名字來，要把「文」字加上三點，寫成「汶」字[1]，才算「一字之貶，嚴于斧鉞」。孫氏生於農家，所受名教的影響較輕，不像康南海那樣開口「聖人」閉口「聖人」要繼承道統，才敢毅然舉起反叛的火把來。這火把上，有兩個大字 ——「革命」。

「時勢造英雄」，這是產生叛逆的世代！

---

[1] 汶字代表着污垢，是一個貶義詞。清政府將革命黨人視同江洋大盜，發布公文告示時在名字上加三點水是常用作法。

二　闖頭關

　　從談洋務、講堅甲利兵，到甲午中日之戰，中間過了三十年；從甲午之戰到盧溝橋的事變，中間又是三十年；三十年為一世，時代的輪子，一年迅轉一年，國際的局勢，一年緊迫一年。李鴻章，他說碰上了「三千年來未有之變局」，哪知後浪逐前浪，我們碰到的變動，比他還大得多。撫今思昔，不覺出了一身冷汗，由現在想到將來，又不覺出了一身冷汗。

　　甲午那年（光緒二十年，一八九四）夏天，一班大名士在北京叫喊着「撻伐倭奴」，翁大先生做群龍之首，把「迎頭痛擊」的上諭請了出來。不料風勢反常，迎頭在痛擊的，倒反被倭奴擊了去。十二月二十四日下午，北京塵沙遮天，失守平壤。鴨綠江的衞汝賢，坐了一頂無頂的轎車，擁到菜市口的街心，下跪在一家乾菜鋪的門口，演大團圓的喜劇；鋼刀一亮，人頭就落地了，把一班大名士就嚇得噤口無聲了。

　　甲午以前，李鴻章一手所經營的北洋海陸軍，聲勢非常浩大；哪知一旦交戰，談笑間灰飛煙滅，正是一本悲喜劇。那年四月間，北洋海軍曾舉行大檢閱；李鴻章身為統帥，親自校閱，儀典非常隆重，檢閱以後，李氏奏報閱兵情形，對於海軍非常讚美。哪知讚美的話猶在耳，日本人的考績，已跟了上來了，「全軍

法國畫報上的光緒皇帝、慈禧太后、李鴻章

覆沒。」──從檢閱盛典到威海衞殄[1]師，其間不過五六個月呢！

當北洋海軍大檢閱時，日人東鄉平八郎曾參觀中國兵艦，認定中國海軍並不中用；他說：「兵凶，戰危，中國的士兵，把洗了的衣服曬在大炮身上，那簡直不知道戰爭的嚴肅，士無鬥志，必敗無疑！」他的話，便不幸而言中了。說穿來，這位海陸軍統帥李鴻章心裏非常明白；當時，戶部尚書閻敬銘千方百計省了一點錢，替海軍衙門預備購艦裝炮之用，慈禧太后要造頤和園，就把這筆錢玩光了。

戰事發生前兩年，德人漢納根曾建議購買多量克魯伯廠所造的大開花彈，供戰鬥艦大炮之用，李氏已經答應了，可是事實並沒有買。等到戰事爆發，兩隻戰鬥艦，只有三兩顆大口徑的開花

1　殄：殄絕，死盡。《尚書·康誥》：天乃大命文王，殄戎殷。

彈，眼見給敵人打沉了！

甲午的六月二十日，日領事小村壽太郎送來「今後倘生不測之變，我政府不負其責」的最後通牒，中日戰爭便開始了。敵人是今天送了通牒，立即動了手的；我們的主帥李鴻章，（心裏一直不願意開戰，他知道這一仗沒有打勝的把握。）還在猶疑徘徊之中，六月二十一日才開始運兵前往牙山。電報生受了敵人的賄賂，洩露了運期，所運的兵，就在廣島被日兵迎頭截擊。

戰局一開，便把幕幕趣劇上演了。

那只濟遠艦善於逃，又善於掛白旗，逃到了旅順，造了一個謊，說是打了勝仗。成歡一戰，葉志超也是「溜之乎也」，造謊報捷，居然得了二萬兩的賞銀。在朝鮮的王師，從牙山退到了平壤，沿途奪財物、役壯丁、淫婦女，一應官兵的典型動作完全使用出來。平壤之役，花樣更多：起先是置酒高會，行若無事；後來盛軍打毅軍，自己打自己，敵人一來，又是鳥飛獸走，一口氣逃過了鴨綠江，接連把九連城、鳳凰城、岫巖州、金州、大連等城雙手奉送，敵兵居然進山海關來了。

海戰方面，又表演另一種奇跡。八月黃海之戰，敵艦已經到了眼前，才發現自己艦隊排列的錯誤。英顧問泰萊要設法趕緊補救，艦長劉步蟾連命令都不會發，響了第一炮，就把自己的海軍總司令丁汝昌從橋上震跌下來了：這就算是海軍迎戰的開幕禮。

八月十六日傍晚，只經過一天的戰鬥，北洋海軍便如蒼茫落日，躲到威海衛去休息了。北洋海軍，大團圓于威海衛，劉公島失，丁汝昌自殺，餘艦投降。戰事閉幕，乃由北洋總帥李鴻章親

铁甲艦鎮遠號在旅順口進行修理

自到馬關去訂「乞和之盟」。

從此，北洋海軍也就成為歷史上的名詞。

甲午一戰，把三十年堅甲利兵的大夢轟醒了。歐風美雨，正正式式闖入頭關，把偌大的帝國漸次改造成為銷納資本主義國家製成品的尾閭 [1] 了。當時，有一有心人，憤激之餘，想編一部《東海傳奇》，定下了一百個回目，只可惜有目無書。當時

1　尾閭：古代傳說中海水所歸之處，現多用來指江河的下游，即承接所有的江水、河水並且彙聚這些水的地方。《莊子・秋水》：天下之水，莫大于海：萬川歸之。不知何時止而不盈；尾閭泄之，不知何時已而不虛。

還有一位大詩人黃公度[1]，親與此役，有《五月十三夜江行望月》詩，句云：

> 灑淚填東海，而今月一圓，
>
> 江流仍此水，世界竟今年；
>
> 橫折山河影，誰攀問閶天，
>
> 增城高赤嵌，應照血痕殷！

蓋有感而作也。

1　黃公度：即黃遵憲（1848～1905），字公度，別號人境廬主人，晚清詩人，外交家、政治家、教育家。廣東省梅州客家人，光緒二年舉人，歷充使日參贊、舊金山總領事、駐英參贊、新加坡總領事。工詩，喜以新事物熔鑄入詩，有「詩界革新導師」之稱。

三　詩人之淚

甲午之戰，海陸軍既全軍覆沒，士大夫階級莫不悲憤欲絕；那股鬱積的憤氣，借大詩人黃公度的筆尖宣泄出來。黃遵憲（公度），廣東嘉應州人；他眼見文官顢頇、武官怕死，把國事弄得一團糟，長歌當哭，寫了許多詩篇。

黃遵憲

平壤之役，中國陸軍第一次出醜，左寶貴死難，葉志超、衛汝貴望風而潰，黃氏為賦《悲平壤》：「南城早已懸降旗，三十六計莫如走。……一夕狂馳三百里，敵軍便渡鴨綠水；一將拘囚一將誅，萬五千人作降奴！」這一場活劇，把淮軍的威風都掃盡了。接着東溝再戰，海軍又出盡大醜，黃氏為賦《東溝行》：「紅日西斜無還時，兩軍各唱鐃歌歸；從此華船匿不出，人言船堅不如疾，有器無人終委敵！」變徵之聲，形容他們當時聞敗氣淚的情緒！

旅順陷後，威海殲師，黃公度直氣得跳起來，《哀旅順》《哭

威海》那兩首詩，一字一淚。他說：「壯哉此地（旅順）實天險，炮台屹立如虎關。下有深池列巨艦，長城萬里此為塹。謂海可填山易撼，萬鬼聚謀無此膽」，可奈「一朝瓦解成劫灰，聞道敵軍蹈背來！」天險有什麼用呢？威海衛也是天險之地，敵人拊背而來，炮台又入敵手；於是中國的兵艦，「壞者撞，傷者鬥，破者沉，逃者走！」只落得「海漫漫，風浩浩，龍之旗，望杳杳！大小李，愁絕倒！巍然存，劉公島！」利兵又有什麼用呢？

威海衛海軍既敗，德顧問瑞乃爾勸丁汝昌沉船毀炮台，免為敵所用；丁汝昌也曾下過命令，諸將只怕投降不成，不肯沉船，以免取怒敵人。丁氏無可奈何，乃仰藥自殉。這一戰役，衛汝貴殺頭，丁汝昌自殺，海陸兩大帥，總算以死報國了。丁氏自己並不欲降敵，諸將頂着他的旗號出降，黃公度為賦《降將軍歌》，其末段有句云：「磷青月黑陰風吹，鬼伯催促不得遲，濃薰芙蓉傾深卮，前者闔棺後仰屍；兩軍雨泣咸驚疑，已降復死死為誰？可憐將軍歸國時，白幡飄飄舟旗垂！海波索索悲復悲！」對於死者付予深切同情。海軍中一向門戶之見甚深，習氣又壞，丁氏本無力指揮，如此下場，實在可憐！

這一幕悲喜劇中，一位丑角吳大澂，表演得非常出色。

甲午戰事初起，時吳大澂正在做湖南巡撫；他愛好古玩，（有名的金石學家。）忽購得一顆漢印，上有「渡遼將軍」字樣，心中不覺大喜，以為立功遼東、萬里封侯有望了。他慷慨請纓出關，到了前線，自以為聲威遠聞，可以嚇退敵人，在營前掛了一塊免死牌，叫敵人見了牌，自請免死。這塊免死牌，和張佩綸的

歐洲報刊描繪甲午海戰中中國軍艦致遠號被擊沉場景

免戰牌，同為中外大笑柄。

黃公度賦《渡遼將軍歌》，上半段替他鋪張揚厲，寫得有聲有色，說：

> 聞雞夜半投袂起，檄告東人我來矣！
>
> 此行領取萬戶侯，豈謂區區不余畀！
>
> 將軍慷慨來渡遼，揮鞭躍馬誇人豪；
>
> 平時蒐集得漢印，今作將軍橫在腰。
>
> ……

自從弭節¹駐雞林，所部精兵皆百戰。

人言骨相應封侯，恨不遇時逢一戰！

雄關巍峨高插天，雪花如掌春風顛；

歲朝大會召諸將，銅柱銀燭圍紅氈。

酒酣舉白再行酒，拔刀親割生彘肩。

自言平生習槍法，煉目煉臂十五年；

目光紫電閃不動，袒臂示客如鐵堅。

淮河將帥巾幗耳，蕭娘呂姥殊可憐！

看余上馬快殺賊，左盤右闢誰當前！

鴨綠之江碧蹄館，坐令萬里銷風煙。

坐中黃曾大手筆，為我勒碑銘燕然！

這份口氣多麼大。接着以有趣而沉痛的口吻寫道：

麼麼鼠子乃敢爾，是何雞狗何蟲豸？

會逢天幸遽貪功，它它籍籍²來赴死。

能降免死跪此牌，敢抗顏行聊一試。

待彼三戰三北餘，試我七縱七擒計。

1　弭節：指駐節，停車。節，車行的節度。《楚辭・離騷》：「吾令羲和弭節兮，望崦嵫而勿迫。」

2　它它籍籍：交錯雜亂。《漢書・司馬相如傳上》：「不被創刃而死者，它它籍籍，填坑滿谷，掩平彌澤。」

哪知——

> 兩軍相接戰甫交，紛紛鳥散空營逃。
> 棄冠脫劍無人惜，只幸腰間印未失！

　　銀樣蠟槍頭的家伙家伙，只好仍回湖南巡撫原任玩古董去了：「時出漢印三摩挲，忽憶遼東浪死歌，印兮印兮奈爾何！」這是他的窘境。士大夫階級的愛國空談，就由這位丑角上演一場了！

　　甲午戰爭的最後一幕，是馬關訂約，割讓台灣。黃氏為賦《馬關記事》及《台灣行》：

> 竟賣慮龍塞，非徒棄一州。
> 瓜分倘乘微，更益後來憂！
> ……　……
> 弱肉供強食，人人虎口危！
> 無邊盡甌脫，有地盡華離；
> ……　……
> 爭問三分鼎，橫張十字旗，
> 波蘭與天竺，後患更誰知？

　　這是多麼沉痛的話！

四 「李鴻章雜燴」

李鴻章，中國舊士大夫階級的最後一個角色。他扮演一些什麼呢？他是文人，他是武將，他是政治家，他是外交家，一身而萬能備。歐美唐菜中，有所謂「李鴻章雜燴」者；魚、肉、海味、素菜，雜和成為一大碗，（本該稱之為素十景或葷十景的。）算作是中國的名菜。李鴻章也就是這樣一個大人物。

當常勝軍露鋒芒之初，華爾曾勸李鴻章自己做皇帝，後來庚子拳變事起，也有洋人向他進言自立為王，他都誠惶誠恐，不敢有此妄想。中國舊士大夫的觀念中，夢周公而不敢夢文王，以「一人之下，萬人之上」為最高願望，李鴻章當然還不敢翻出如來佛的掌心的。其實，他那種雜燴式的頭腦和才幹，只有做英國式的皇帝最為適宜，或許可以比順治、康熙做得更好些。不做皇帝而做一人之下的宰相或總督之類，才非所用，倒反處處受牽制，不能行其志了。

馬關談和時，李氏對伊藤博文說：「貴大臣之所為，皆係本大臣之所願矣！然使易地而處，即知我之難言，有不可勝言者。」

伊籐答道：「要使本大臣在貴國，恐不能服官也。」

李鴻章，要算曾國藩幕府中培植出來的第一流人才，他在文章上，沒有什麼特殊表現，且不去說。可是他的武功，到了淮軍，便達到了頂點。其後積極經營海軍，可算是通達時務，無如

所努力的在量不在質，船的
噸位比日本大，速度卻不能
及人；船的艘數多，聯絡也
不能及人；士卒的人數多，
精神也不及人。甲午一戰，
全軍覆沒，他的努力全無
成績。

李鴻章

甲午戰前，他估量了
敵我的力量，不願開戰；
但他對慈禧事事敷衍，已
經宣戰，用兵依然優柔寡
斷，鑄成大錯；顯然沒有臨大敵的才幹。在朝鮮最丟臉的，就
是他親手培植的淮軍。即算淮軍已經衰老了，可是他所推薦，
在小站練出的新兵，未出茅廬又已腐化了！他既不是名將，也
算不得是軍事學家；曾國藩書生談兵，還有那麼一大截成就，
他呢，永遠還是一個書生！

歐美人士，很多推許李鴻章，說他是大外交家；弱國不容易
辦外交，他卻能忍辱負重；有人說他可以和俾斯麥比並。

俾斯麥是著名的權謀家，也許在這一點，兩人有些兒近似。
不過俾斯麥辦外交，有兩個特點：（一）國家利害關頭，決不放
鬆。（二）他調撥別國的矛盾關係，決不為別人所調撥，永遠爭
取了主動的地位。李鴻章辦外交，自始至終，採取以夷制夷政
策，（這也是一種權謀。）他把東北的權利讓給俄國，以俄制日；

哪知日俄戰後，吃虧的還是中國；日本當局明白表示，要將一切損失，取償於中國。他又曾運用國際矛盾，用俄、法、德三國力量來制日，結果，德佔膠州，俄租旅大，法租廣州灣，反而招致了列強的分割。他的每次外交，想制人，反而被制於人，結果都不很好。

他到俄國報聘那一回祕密外交，算是最轟轟烈烈的大事；（他自己以為辦理天津教案，最為得意，其實他不明當時局勢，法國遭逢外患，自救不暇，可以更強硬一點的。）那場外交，在歐美所引起的反感，後果也壞得很。說起外交家這個美名，他也居之有愧的。

他的政治生涯，非常長久，得君[1]不可謂不專；但在政治上也沒有什麼大成就。他繼承曾國藩的事業，用人處事，卻不如曾氏之恢宏大度。他在北洋所用人物，不免專權納賄，植黨營私，同流合污；他們的新政，花樣很多，也是「華而不實」，都是表面文章。他的政略，隱以迎合慈禧意旨為方針，逢君之惡，更失了大臣立朝的氣度。他這頂政治家的帽子，也不十分合頭寸的。李氏逝世那時期，梁啟超曾為文評論，說他：

> 知有兵事而不知有民政，知有外交而不知有內治，知有朝廷而不知有國民，知有洋務而不知有國務，以為吾中國之政教風俗，無一不優於他國，所不及者惟槍耳，炮耳，船

1　得君：謂得到君主的信任重用。《孟子·公孫醜上》：「管仲得君，如彼其專也。」

耳，機器耳，吾但學此而洋務之能事畢矣。

這段話是很公允的！

無所不長，一無所長，「李鴻章雜燴」無疑是中國式的名菜；中國的士大夫階級的人物，大抵如此，李鴻章要算是庸中佼佼，值得稱道的了！到今天為止，所謂外交家，也還脫不了李鴻章的窠臼呢！

五 康有為登場

「窮則變，變則通」。每當時代的轉角上，我們就記起這一句老話來。那時，舊的士大夫既已隨「甲午」的殘兵敗甲而去，新的士大夫便隨「甲午」的柳暗花明而來，天涯海角，便送來了一位維新大人物康有為（南海）。他的登場，是非常喧鬧的，他的下場，也是非常喧鬧的。

康有為原名祖詒，字廣廈，又號長素。一八五八年（咸豐八年），生於廣東南海縣。他初講學時，只是一個監生；監生講學，大家嗤之以鼻。可是他的今文學說，卻哄動了一時的視聽，青年相率景從，梁啟超輩都成了他的信徒。梁氏自言：

> 余以少年科第，且於時流所推重之訓詁詞章學頗有所知，輒沾沾自喜。先生（指康氏）乃以大海潮音，作獅子吼；取其所挾持數百年無用舊學，更端駁詰，悉舉而摧陷廓清之。自辰入見，及戌始退，冷水澆背，當頭一棒，一旦盡失其故壘，惘惘然不知所從事，且驚且喜，且怨且艾，且疑且懼，竟夕不能寐。明日再謁，請為學方針，乃教以陸王心學而並及史學西學之梗概。自是決然捨去舊學，自退出學海堂，而間日請業於南海之門。

這便是文藝復興時期的黎明氣氛了。

康氏生在那個和資本主義接觸最早的廣東，心知那個老局面，不能再支撐下去了。如何來打開這個新的局面呢？他想，還是依仗孔聖人的老招牌來做革新的運動吧！他說：孔聖人自己就是託古改制的，我們何妨用他的老法子；這樣便吹吹打

康有為

打把公羊家捧了出來，同時也把《禮運・大同篇》捧了出來，於是有《新學偽經考》《孔子改制考》《大同書》那幾種新的經典，把「據亂世」、「升平世」、「太平世」的張三世之說，說得天花亂墜。他的歐美科學政治經濟知識，本來有限得很；他那些理論中，夾雜着無政府主義的見解，（無政府主義盛於十八世紀末、十九世紀初期。）中外古今，貫穿成一家言，就把看眾視線吸引住了。

甲午既敗，他就聯合十八省舉子公車上書，這是群眾運動（士大夫群）的第一聲。

康有為甲午年中了舉人，乙未年成了進士，在那個「國難」時期，是一個領導時代的了不得的人物。誠如蔣廷黻所說的：「孔子是舊中國的思想中心，抓住了孔子，思想之戰就成功了；皇帝

是舊中國的政治中心，所以康有為的實際政治工作是從抓住皇帝下手。」

剛巧那位年輕的光緒皇帝，自登龍位，就碰了幾次硬釘子，心神有些不寧。康有為那一嗎啡針，說是：「竊以今之為治，當以開創之勢治天下，不當以守成之勢治天下。」正合脾胃，大動聖聽。光緒帝指奏中「求為長安布衣而不可得」、「不忍見煤山前事」那幾句道：「康某，何不顧生死乃爾？竟敢以此言陳於朕前！」「嗣後康某如有條陳，當即日呈遞，毋許扦格！」

劉備碰着了孔明，如魚得水，言聽計從，乃有戊戌四月二十三日定國是的明詔。（戊戌春季的瓜分！更刺激了變法派和光緒帝。）

康氏的助手之中，如譚嗣同、梁啟超、林旭、楊銳、劉光第，都是他的信徒；（一般人也只是隨聲附和。）到處設學會，開報館，吸收青年英俊分子，變法維新的空氣，瀰漫於全國，好像全國輿論，都傾向於這一改革大運動了。

新政中有幾件大事，第一件：「命自下科始，鄉會試及生童歲科各試，向用四書文者改試策論。」這一件，斷送了千千萬萬讀書人的生路。他們燈下窗前，苦磨苦琢，向八股文裏鑽，一旦判了死刑，要重新來過，豈不是要他們的老命？第二件：「下裁汰冗官令，命裁撤詹事府、通政司、光祿寺、鴻臚寺、太僕寺、大理寺等衙門，湖北、廣東、雲南三巡撫，並河漕兩總督缺，其各省不辦運務之糧道，向無鹽場之監道，亦均裁撤。」這一件，打碎了京內京外大大小小千百隻飯碗。要知破人衣食，殺人父

母，戴天不共之大仇，非拚個你死我活不可。

　　新政一行，新士大夫階級和舊士大夫階級便造成對壘的形勢了。

　　康有為依靠光緒帝，自以為棋局佈得很好。誰知舊士大夫階級的棋局，比他佈得更好。他們依靠慈禧太后，變法詔既下，那些打碎了飯碗的，向慈禧太后哭訴，説：「皇帝大背祖宗制度。」慈禧太后笑而不言。那位刁狡古怪的老太婆，把這位狂悖躁急的新進，一拳頭就打得天昏地暗了。

六　新舊士大夫鬥法

　　戊戌新政既行，其中有一條，就是改寺觀為學校；當時，北京城內，就有一個賣菜的老頭子，歇着擔在街頭，揮手攘臂，破口大罵，道：「寺觀廟宇，從古就有了，怎麼可以廢掉的！難道可以廢掉的嗎？」這也正是當時士大夫的共同心理，舊官僚反對新政，說是「非祖宗制度」；士大夫反對新政，說是「非聖無法」；只要是改革，即賣菜老頭子，也掮出傳統的招牌來。所以，康梁新政就非失敗不可了。

　　康有為在廣州講學時，理學大師朱一新（浙江金華人）已反對他的今文學主張，以為要影響世道人心的。他說：

　　　夫人心何厭之有？六經更二千年，忽以古文為不足信，更歷千百年，又何能必今文之可信耶？竊恐詆訕古人不已，進而疑經，疑經不已，進而疑聖；至於疑聖，則其效可睹矣！

　　（他的這些話，倒像預言一樣，到後來都一一應驗了。）當時，今文學家的主張，雖聳一時之聽聞，卻和理學家根本不相容；理學正統派，也成為反對新政的一部勢力。

　　新政前期，梁啟超在湖南辦時務學堂，聲勢非常浩大；那些衞道先生如王先謙、葉德輝輩，群起而攻之。葉德輝做《翼

教叢編》，專攻擊康有為道：「寧可以魏忠賢配享孔廟，使奸人知特豚[1]之足貴；斷不可以康有為擾亂時政，使四境聞雞犬之不安；其言即有可採，其人必不可用。」又說：「康有為其貌則孔，其心則夷」，口口聲聲「夷夏之分，正邪之辨」，這是舊士大夫的共同理論。

在野的舊士大夫，對於變法做理論上的攻訐；在朝的舊士大夫，即進行實力上的排擠運動，這一群官僚以慈禧為勢力中心，挑撥光緒與慈禧間的母子感情，說：「新政既行，將去母后。」說：「新政既行，漢人排滿。」慈禧乃以裕祿主持軍機處，牽制新政的施行，並決定廢立大計。八月六日，下太后垂簾訓政之詔，光緒帝碰了硬釘子，憂鬱以去，新政即告終結了。

戊戌七月間，楊銳、劉光第、林旭、譚嗣同奉光緒帝命在軍機章京上行走，操握了行政大權，凡有奏摺，皆經四人閱覽，凡有上諭，皆經四人屬草；光緒帝只看些重要章奏，其餘都由這四人裁奪；其他軍機大臣等於虛位。這是維新士大夫得道行其志的頂點。可是他們握權不到十天，有名的政變便到來了。

當時，帝后不睦，外間已有謀廢立的風傳，慈禧與榮祿密謀，諷御史李盛鐸奏請帝奉太后往天津閱兵，乘機以兵脅行廢立。其時，光緒也自知地位危險，並詔四人，透露這一危機。他們一時忙中無計，便想羅致袁世凱來制服榮祿，並以制服西太

1　特豚：古代指一頭供宴饗祭祀用的牛、羊或豬。《儀禮・士冠禮》：「若殺，則特豚載合升。」鄭玄注：「特豚，一豚也。」

后。（據梁氏《林旭傳》，説林氏當時不讚成這一辦法。）結果卻反為袁氏所賣呢！

八月初六日，黎明，上詣宮門請安，太后已由間道入西直門，車駕倉皇而返，太后直抵上寢宮，盡搜章疏擥之去，召上怒詰曰：「我撫養汝二十餘年，乃聽小人之言謀我乎？」

上戰栗不發一語，良久囁嚅曰：「我無此意。」

太后唾之曰：「癡兒，今後無我，明日安有汝乎？」

遂傳懿旨，以上病不能理萬歲為詞，臨朝訓政。[1]

1898 年 10 月，戊戌變法失敗後的第二個月，日本雜誌《太陽》採訪了剛剛抵日的康有為、梁啟超師徒並刊發二人合影。

這場政變，就此上演了。那天，張蔭桓、徐致靖、楊深秀、楊銳、林旭、劉光第、譚嗣同及康弟廣仁，一齊被拘下獄。張、徐二人一戍邊，一永禁；其餘

1　引自［清］惲毓鼎《崇陵傳信錄》。

六人，不久便都被殺了。康有為、梁啟超二人僅以身免。中國舊士大夫階級，都是千年狐狸，九煉成精，你看他嬉皮笑臉，和氣得很，落在他的手中，毛骨無存。

康有為的改革運動，表面上活動很厲害，實在是沒有根的。他的政治生命，只有這百天的變法，從此以後，只留了一根辮子，做他的政治生命的特徵。他的記憶力很強，口辯很利捷，作詩寫字，都有氣魄，可是沒有什麼大成就。這又是中國士大夫的典型。他有《湖心亭望湖》詩句：「山邊射虎看人猛，湖上騎驢觀我生！」

新時代的《翼教叢編》，早不在那裏攻訐康有為了！

七　西醫孫中山

孫中山

中華民族這位老太爺，就因積病太多，沉病難治，那位中西合璧的走方郎中康聖人，想進一劑輕瀉劑，替他清一清腸胃；無奈府中三姑六婆太多，只怕丟了飯碗，包圍着這位老太爺，叫他非依舊吃香灰仙丹不可。這劑輕瀉藥，只吃了一帖，便丟向窗外去了。香灰仙丹，畢竟是吃不得的；老病人氣喘肚脹，朝不保夕，腹中積痞愈多，其勢非開刀不可。

這時，天涯海角，遠遠的又來了一位西醫，孫中山。

孫中山和康聖人是不同的，他們的家世不同，他們的意識不同。康聖人，他的先世以理學傳家，幼年所受儒家教育，偏於玄想空談，所以有那種帶無政府氣息的《大同書》，他依舊認定士大夫階級是中國社會的中堅，想在士大夫的基礎上造維新的宮殿。無如士大夫是「游離分子」，正如一片沙灘，造不成什麼建築。戊戌政變即是此路不通的明徵。孫中山世世業農，幼年助理

耕作，聞鄉人談洪楊故事，即以洪秀全第二自任。中國農民群，汪汪大海，其平靜時，渝漣微波，一望無垠，一旦狂飆怒起，黑波掀天，又成為最不可侮的力量。農民雖不一定不安分，但不諱言「造反」，所以孫中山敢於立志革命。

光緒十一年（一八八五年）孫中山倡言革命，那正是中法戰爭失敗那年。他在檀香山、在廣州、在香港所受的，都是西方教育，西方物質文明及政治改革的刺激，對於他是直接的。他所研究的醫學，如開刀、剖肚、洗腸、打針，在歐西是切切實實的，在中國卻不免駭人聽聞。他替中華民族診斷的結果，也以為非開刀不可。第一刀要割去那段盲腸——皇帝，免得殘餘器官發炎作怪。第二刀要洗清腸胃積痞，官僚主義，免得上下阻隔，無法滋補。

從光緒十一年到辛亥革命，這二十多年間，他做割盲腸的工作，大體已告成功。從辛亥革命到民國十四年，他做洗滌積痞工作，事業未半，而他自己的肝臟炎發，在北京協和醫院去世了。

甲午那年，這位孫「郎中」就開出第一張方子，交給賬房李鴻章；李賬房把頭一抬，理也不理。民國元年，孫「郎中」開出第二張方子，那方子上說「二十年內修築二十萬里鐵路」，袁老闆笑了一笑。那些夥計們就嘲笑這位郎中「開大炮」。一九一九年，他又在上海開出一張方子，《孫文學說》和《建國方略》，直到一九二四年，中華老太爺才進服第一帖西藥。

每當孫「郎中」開出藥方的時候，老病人的家人無不瞠目結

舌，以為藥性太猛，老年人吃不得。過後一看，才明白非吃那猛藥不可，可是老太爺的病情又加重了！

孫中山，大概如一般人所說的，是「革命之父」了；關於他和他們的革命，已經寫了好多好多的書。他自己最後寫了兩句話：「革命尚未成功，同志仍須努力。」但是，魯迅卻在《阿Q正傳》描出最真實的面孔：

> 「革命也好吧！」阿Q想：「革這夥媽媽的命，太可惡，太可恨，便是我，也要投降革命黨了。」
>
> 「革命了！你知道？」阿Q說得很含糊。
>
> 「革命革命，革過一革的，……你們要革得我們怎麼樣了呢？」老尼姑兩眼通紅的說。
>
> 「什麼？」阿Q詫異了。
>
> 「你不知道，他們已經來革過了。」
>
> 「誰？」阿Q更其詫異了。
>
> 「那秀才和假洋鬼子！」
>
> ……
>
> 那還是上午的事。趙秀才消息快，一知道革命黨已在夜間進城，便將辮子盤在頂上，一早去拜訪那歷來也不相能的假洋鬼子。這是「咸與維新」[1]的時候了，所以他們

1　咸與維新：原意是對沾染惡習的人都准許他們改過自新，後用來指都來參加更新舊制。《尚書·胤征》：「天吏逸德，烈于猛火，殲厥渠魁，脅從罔治。舊染污俗，咸與惟新。」

便談得很投機，立刻成了情投意合的同志，也相約去革命了。

我們中國，是給「將辮子盤在頂上」式的革命，革了三四十年了，每一個老百姓都在問：「你們要革得我們怎樣了呢？」

八 時代驕子梁啟超

慈禧痛惡新政,一切都向牛角尖去鑽;戊戌政變的餘波所及,凡屬報館皆在封禁之列。有些賢明父母,把禁看報紙列為家訓之一,懸之座右以遠尤悔。不過,世事常是十分矛盾的:有禁看報紙的父母,即有偷看報紙的兒女。戊戌以後的梁啟超,卻成為時代驕子,坐上無冕之王的寶座了。

梁啟超流亡在日本,先後辦了三種報紙;最初辦《清議報》(戊戌十月至辛丑),接著《新民叢報》(壬寅以後),後來又辦《國風報》,風靡一時,最得讀者歡迎。他初辦《清議報》時,態度非常激進。其時政友譚嗣同初遭橫禍,忿火在胸中燃燒,所以他說:

> 凡所謂十九世紀之雄國,當其新舊相角,官民相爭之際,無不殺人如麻,流血成河;仁人志士,前僕後起,赴湯蹈火者,項背相望。……始則陰雲妖霧,慘黯蔽野;繼則疾風暴雨,相摶相斫,終乃天日忽開,赫曦在空。世之淺見者,徒艷羨其後此文物之增進,而不知其前此拋幾多血淚,擲幾多頭顱以易之也!

他讚成流血,讚成以犧牲求進步,思想可說十分激進。可是他並不能這樣趨於極端,他看清中國士大夫階級的中庸心理,知

道非有過分的刺激，即有溫和的主張也難得士大夫階級的同情。他的流血的激烈主張，即是推進他的君主立憲論的一種手段。他說：

梁啟超

> 　某以為業報館者，既認定一目的，則以具極端之議論出之，彼有稍偏稍激焉而不為病，何也？人之安於所習而駭於所罕聞，性也。故必受其所駭者，而使其習焉，然後智力乃可以漸進；如領導民以變法也，則不可不駭之以民權；領導民以民權也，則不可不駭之以革命。大抵所駭者過兩極，然後所習者乃適得其宜。

其本意如此。

《飲冰室文集》第一次輯集付印時，梁氏自序曰：「今日天下大局，日接日急，如轉巨石於危崖，變異之速，匪翼可喻。今日一年之變，率視前此一世紀，猶或過之。」時代潮流的洶湧激盪，他是看得非常明白的。但他自己老是跟在潮流的後面，既不衝鋒，亦不落伍，一生就是如此。

梁啟超曾有詩題其女令嫻《藝蘅館日記》，句云：

　　吾學病愛博，是用淺且蕪；

　　尤病在無恆，有獲旋失諸；

　　百凡可效我，此二無我如！

　　這首詩，倒說到梁氏自己的病痛。

　　十九世紀末期，二十世紀初期，梁氏的確是中國思想界影響最大的一人。梁氏又曾於《清代學術概論》敘述其在言論界的工作，並坦白批判自己的缺點。他流亡在日本，專以宣傳為業，為《新民叢報》《新小說》諸雜誌，暢其旨義，國人競喜讀之，清廷雖嚴禁，不能遏，二十年來學子之思想，頗受其影響。他素不喜桐城派古文，至是自解放，務為平易暢達，時雜以俚語韻語及外國語法，縱筆所至不檢束；學者競效之，號新文體；老輩則痛恨，詆為野狐禪；然其文條理明晰，筆鋒常帶情感，對於讀者，別有一種魔力。

　　他自稱「其保守性與進取性常交戰於胸中，隨感情而發，所執往往前後相矛盾，不惜以今日之我，難昔日之我」，這是他精神上的弱點。他和康有為最相反之一點：有為太有成見，梁氏太無成見，其應事也有然，其治學也亦有然。梁氏常自覺其學未成，且憂其不成，且以太無成見之故，往往徇物而奪其所守。彼嘗言：「我讀到性本善，則教人以人之初而已，殊不思性相近以下尚未讀通，恐並人之初一句亦不能解以此教人，安見其不為誤人？」

　　他是新思想界中的陳涉、吳廣，其破壞力確不小，而建設則未有聞。粗率淺薄，的確是他的缺點呢！嚴幾道曾批評他：「梁

氏於道徒見一偏，而出言甚易，敢為非常可喜之論，而不知其種禍無窮。」有人說他是陸仲安一輩的中醫，只想給病人補元氣，吃了黃芪黨參湯，每每和青年激進派伴走了一段，又不再向前去，終於半途分離了！

庚子正月，慈禧的爪牙看見《清議報》風動全國，惶惶不自安，下令命南洋閩浙廣東各督撫，懸賞十萬兩，一體緝拿，凡購讀康梁所著之書報雜誌者，一律嚴拿懲辦。終究「懿」令無效，還替梁氏作了反宣傳，增加了更多的讀者。時隔不久，主張革命的激進派的機關報《民報》出版，和《新民叢報》相對壘，一刀一槍，十分熱鬧，梁氏的權威反而下降了！

丙寅夏梁啟超庇清華研究院諸生迎接張君勱合影，馮永軒邊批

九　北拳南革

　　光緒末年，正如沉悶煩躁的梅雨天，滿天空都是陰雲，電光東西交閃，大家在期待着一陣暴風雨的到來。中年人只怕鳳狂雨驟，飛沙走石，拔木毀屋；希望兩邊雨腳，都慢慢地落下來才好。

　　《老殘遊記》作者劉鐵雲，知道北拳南革，勢之所趨，無可避免。但他怕北拳的「拳頭」，一拳打得不好，把國家的運命都斷送掉。他又怕南革的「革」，渾身潰爛起來，也會送了性命。他自己是「老新黨」，受了一些歐西知識，知道「只是一拳容易過的」，「惟此革字，上應卦爻，不可小覷了他。」他演說周易革卦的道理：

　　　　兌水陰德，從憤懣嫉妒上起的，所以成了個革象。你看象辭上說道：「澤火兌，二女同居，其志不相得。」你想人家有一妻一妾，互相嫉妒，這個人家還會好嗎？初起，總想獨據一個丈夫，及至不行，則破敗主義就出來了。因愛丈夫而爭，既爭之後，就損傷丈夫也不顧了。再爭則斷送自己性命，也不顧了。這叫作妒婦之性質。[1]

————————

1　引自劉鶚《老殘遊記》第十一回「疫鼠傳殃成害馬，瘋犬流災化毒龍」。

這話，暗中諷刺「南革」的窩裏反，將如太平天國的爭權奪利，自己殺自己，鬧得一團糟。他又說：

譚嗣同

> 一談了革命，就可以不受天理國法人情的拘束，豈不大痛快呢！可知太痛快了，不是好事；吃得痛快，傷食；飲得痛快，病酒；今者不管天理，不畏國法，不近人情，放肆做去，這種痛快，不有人災，必有鬼禍，能得長久嗎？[1]

這種惴惴惶惶的心理，拳既不可，革又不可，希望風調雨順的中年人，對着黑雲乾着急呢！

維新志士之中，有一位殉難的譚嗣同，他也是當時士大夫的代表人物；他殉難時，只有三十三歲。他作《仁學》，說：「古而可好，則何必為今之人哉？」「天地間無所謂惡，惡者名耳，非實也。俗儒以天理為善，人慾為惡，不知無人慾安得有天理。」他慨然道：

1　同上。

> 吾華人慎毋言華盛頓、拿破崙矣，志士仁人，求為陳
> 涉、楊玄感，以供聖人之驅除，死無恨焉。若機無可乘，則
> 莫若為任俠，（暗殺）亦足以伸民氣倡勇敢之風。

他的話，正是革命志士的話，時代風尚，也經這麼大變了呢！

果然，狂風暴雨，先從北邊下來了：那股從山東轉到北京來的義和拳中人，如魔如醉；上自西太后，下至屠夫走卒，都相信練拳念咒可以打退洋兵；八國洋兵已經從塘沽上陸，大家還相信「洪鈞老祖已命五龍守大沽，夷兵當盡滅」、「得關聖帝書，言夷當自滅」，殺機一開，「洋鬼子」、「二毛子」、「三毛子」都成為群眾出氣的對象，打、殺、燒，無所不至。

當時，有一位衛道大學士徐桐，家門上（他的家剛對着東交民巷[1]）貼着「望洋興歎，與鬼為鄰」的春聯，以示與洋鬼子不兩立之意。拳匪一出，心中大快，親自撰一長聯，讚美大師兄[2]：

> 創千古未有奇聞，非左非邪，攻異端而正人心，忠孝節
> 廉，只此精神未泯；
>
> 為斯世少留佳話，一驚一喜，仗神威以寒夷膽，農工商

---

1 東交民巷：街巷名。在北京市正陽門東側。原名東江米巷，訛為東交民巷。清代為各國使館所在地。辛丑條約後劃為公使館界，各使館自置軍隊，界牆設置炮位，一度是外國人特別居留地。

2 大師兄：義和團對自己頭領的稱呼。蔣楷《平原拳匪紀事》：「其黨相呼以『師兄』，呼其渠為『大師兄』。」

貫，於今怨憤能消。

他滿以為大師兄真可以替他出盡心頭惡氣了。殊不知老祖無靈，塘沽不守，數十萬義民帶着引魂幡、混天大旗、雷火扇、陰陽瓶一干法寶，連東交民巷都攻不進去！聯軍進京，車駕西走，一天雷雨，化作彩虹了！

不久，南邊的雨腳也落了下來，丙午（光緒三十二年）有萍瀏之役、欽廉防城之役、鎮南關之役；戊申（光緒三十四年）有河口之役。這些革命行動，間接、直接都和同盟會有點關係。惟安慶之役，由徐錫麟主動，和同盟會事前並無聯絡。

徐錫麟，浙江人，以候補道為安徽巡撫恩銘所賞識，擢任巡警處會辦，兼任巡警學堂堂長；他暗中計劃進行準備奪取安徽。以事機不密，黨人被捕，只得提前發動，僅槍殺恩銘一人，徐亦被捕殉難。

其時，同盟會方面，也屢次失敗；但黨人精神不懈，屢僕屢起。有些黨人，憤革命之不成，想用暗殺的手段來收速效。黃復生、汪精衛北上行刺攝政王，即是動人聽聞的壯舉。汪被逮口占五絕：

慷慨歌燕市，從容作楚囚。
引刀成一快，不負少年頭！

那一時期，汪也算是一代的豪傑呢！

一○ 《民報》與章太炎

章太炎

一九○五年（光緒三十一年）七月，同盟會成立於東京，十月，《民報》在東京出版。第二年六月，章太炎從上海出獄，到東京主編《民報》。革命黨和保皇黨對立起來了。

康梁的保皇運動，初亦頗能煽動人心；時局的情勢愈壞，溫和的改良主義，愈不能使人滿意，大家愈希望「元寶大翻身」[1]，徹底革命一下。《民報》和《新民叢報》的筆戰，即是代表溫和改良派與激進革命派的爭辯。梁啟超和章太炎兩個主帥，各逞威風，大戰三百回合。

《新民叢報》那一邊的旗幟，上書「君主立憲」四個大字，以為政治改革不必取革命手段，種族更不必革命。梁啟超作《開明專制論》，其結末二語：「欲為種族革命者，宜主專制，而勿

1　元寶大翻身：比喻像元寶一樣打個滾就徹底翻身。元寶是一種古代貨幣，由貴重的黃金或白銀製成，一般白銀居多，黃金稀見。

主共和；欲為政治改革者，宜以要求而不宜暴動。」大有否定革命之意。同盟會的陳天華，憤世自殺，在絕命書上高喊：「滿漢終不並立，欲使中國不亡，惟有一刀兩斷，代滿洲執政柄而卵育[1]之。」

梁啟超又申論「種族革命與政治革命之得失」，以為「種族革命實不可以達政治革命之目的者也。」又反其斷案曰：「故種族革命，吾輩所不當之為手段者也。」梁啟超又說：革命要引起外國干涉，結果會鬧到中國瓜分，所以暴動是萬萬要不得的。《民報》這一邊，就一駁「革命可以召瓜分說」，再駁「革命可以召內亂說」，謂「暴動乃歷史上醞釀而成，無待乎鼓吹。喚醒國民，為吾人之天職」。兩方針鋒相對，你來我往，煞是好看！

《新民叢報》時代的梁啟超，筆鋒甚健；可是《民報》方面的章太炎、汪精衞，筆鋒也很健。你搬西洋法寶，我也搬西洋法寶，你請太上老君，我請如來大佛；中年人讚成梁啟超，青年人崇拜章太炎、汪精衞，雙方的群眾也一樣的有力量。《民報》刊行了二十四期，日本政府被清廷運動，將該報封禁，《新民叢報》不久也停止發行，改出《國風報》，理論上的鬥爭暫告休止。

《民報》這一邊的口號，種族革命、政治革命、社會革命三義並出。孫中山所做的《民報》發刊詞，首把民族、民權、民生三主義連貫着說；其時，同盟會會員多側重「民族」、「民權」二

1　卵育：生育繁衍。唐韓愈《祭鱷魚文》：「鱷魚之涵淹，卵育於此。」

《民報》創刊號

義，中山則以為二十世紀不得不為民生主義之壇場，他的眼光就看遠了一步。梁啟超自然更不讚成社會革命，他駁斥了孫中山演說中關於社會革命論的意見，又作「社會革命果為今日中國所必要乎」的反詰。又對於《民報》的土地國有論，作三方面的駁斥，以為在財政上、經濟上、社會問題上，都不應該採取這一政策的。

——時代變得真快，到了今天，大家已經覺得土地國有已經不夠激進了呢！

宣統初年，革命種子遍佈各地，同盟會就分頭進行實際工作，很少做理論上的鬥爭了。康梁所做憲政運動替滿清開續命的

方子，分道揚鑣，而以辛亥革命為總結穴[1]。形式上，革命派戰勝了立憲派，事實上則憲政派和北洋派相結合，再成為革命黨的政敵，乃有民初迭起的政潮。

社會輿論，開頭最怕康梁，後來怕孫文（中山）。蔡元培有一位朋友，曾和他相賭：「革命黨若會成功，我輸這顆頭給你。」民國元年，那位賭頭的人和蔡先生相見。蔡先生說：「從前的話，不必提了。」那位賭頭的人，回去對友人們說：「險呀，今天子民問我要頭呢！」種族革命、政治革命雖受社會之懷疑、反對、攻擊，終於登場了。孫中山所預言的「社會革命」，也及身都經歷到了。

章太炎，浙江餘杭人。光緒二十四年，曾應張之洞之聘入幕府。時梁鼎芬為兩湖書院院長，一日詢章：「聞康祖詒（有為）欲作皇帝，信乎？」章答道：「只聞欲作教主，未聞欲作皇帝。其實人有帝皇思想，本不足異；惟欲作教主，則未免想入非非。」梁大駭。清末知識分子的思想分野，大抵如此。

梁啟超曾賦《滿江紅·贈魏》二句云：「如此江山，送多少英雄去了；又爾我踏塵獨漉，睨天長嘯。炯炯一空餘子目，便便不合時宜肚；向人間一笑醉相逢，兩年少！」當時，知識分子的氣分，也是如此。

---

[1]　結穴：風水名詞，堪輿家認為地脈頓停之處地形窪突，為地氣所藏結，稱為結穴。此處用以比喻歸結點。

一一　辛亥革命

黎元洪

辛亥革命，這是一個大題目。要寫，無論從哪一頭着墨，都可以說得很多的。我們從哪兒說起呢？

我記得有一位李劼人先生，他寫了三部以革命為背景的長篇小說，第一部是《死水微瀾》，寫庚子拳變時期的四川；第二部是《暴風雨前》，寫辛亥革命的前夜；第三部是《大波》，寫辛亥革命時期的四川。這場革命的大火，本來從四川成都開了頭的。

最近才正式開車的成渝鐵路，乃是辛亥革命的導火線。本來，鐵道國有政策，以及借外債建築川漢鐵路，這都是無可非議的。可是，五十年前的中國人，尤其是士大夫，決不這麼想。他們的口號是鐵路商辦，路存與存，路亡與亡，讓外國人來修鐵路就等於亡國。盛宣懷與英、美、德、法四國銀行團，簽訂川漢、粵漢鐵路借款，四川老百姓便一致反對，真正的民怨沸騰了！川粵湘鄂各省，紛紛設立「保路同志會」，一面由各省諮

議局派代表進京請願，一面由在京各省官吏具奏摺彈劾盛宣懷，鬧得如火如荼。

四川代表劉聲元到了北京，直接向攝政王載洋請願，不能見面，便在地安門外跪地攔輿遞呈，被逮交步軍統領衙門訊究，押解回籍；旅京川人紛紛結隊哭送，那一幕劇，已經演得十分緊張。成都「保路同志會」，七月初一議決罷市，家家戶戶供奉光緒皇帝牌位，舉哀號泣，這就是《大波》那小說中最精彩的一段。有一修雨傘的老工匠，天天呼籲奔走；那份樸素的愛國熱情，正反映一般老百姓的真情熱血。

1886 年 11 月 20 日蘆台鐵路落成儀式

　　七月十五日，川人聽説端方帶兵入川，乃推舉代表向總督趙爾豐懇求阻止端方入川，代表蒲殿俊、鄧孝可、顏楷、羅倫均被拘禁；民眾集合數萬人奔赴督署請求釋放代表，衛兵開槍，死傷若干人！民情愈益激昂，這麼一激一盪，各地革命隊伍便乘機活動，造成普遍的暴動情況，「保路同志會」變成革命的急先鋒了。

　　由於四川的保路，引起了端方的帶兵人川，由於鄂兵入川，武漢防禦空虛，乃激起了黨人的活動機會；武昌八月十九日的起義，才進人辛亥革命的正幕。

　　辛亥那年，革命的實際行動本來不十分順利；孫中山和同志們説：「舉目前途，眾有憂色；詢及將來計劃，莫不唏嘘太息，相視無言。」那時的困難情形，正是如此。不過，滿清政權的潰爛，已經到了極點，一般民眾的反政府情緒，也已十分成熟了。

孫中山與美洲洪門籌餉局人員合影

當時的革命種子，已經在新軍中生了根，這是武昌起義一舉成功的因素之一。

那次革命行動，原定於陰曆八月十五日發難，就因為準備未充分，若干重要角色來不及趕到，決定延期十日發動。哪知，十八日午後，由於漢口俄租界寶善里的地下機關，因為製造炸彈不慎，爆炸破露，連帶被破獲了許多地下機關，抄去許多革命黨名冊，牽連到新軍的將領士兵的安全。黨人乃臨時變計，提早舉事，八月十九日（十月十日）晚間，由工程營左隊熊秉坤倡議發難，率隊猛撲楚望台，佔領軍械局，同時起義的炮隊、馬隊合攻督署、鄂督瑞澂、新軍統制張彪倉皇棄城出走，武昌便為革命軍所有，漢陽、漢口接着也為革命軍所攻佔。大軸戲便這麼開場了。

由於這場突然的成功，產生了一位與革命並無任何關係的政治領袖黎元洪；他是忠厚老實人，有黎菩薩之稱，由於士卒對他一向愛護，從牀下拖出來，奉為革命軍鄂軍都督，（他當時任新軍協統。）一夜之中，便成為革命元勛了。他當時曾寫了一封信給海軍提督薩鎮冰，老老實實說他被迫革命的經過，頗為有趣：

……洪當武昌變起之時，所統各軍，均已出防，空營獨守，束手無策。黨軍驅逐瑞督出城後，即率隊來洪營，合圍搜索。洪換便衣匿室後，當被索執，責以大義。其時，槍炮環列，萬一不從，立即身首異處，洪只得權為應允。吾師素

知洪最謹厚，何敢倉猝出此？雖任事數日，未敢輕動，蓋不知究竟同志者若何，團體若何，事機若何；如輕易着手，恐至不可收拾，不能為漢族雪恥，轉增危殆。

武昌起義之日，黃興尚未到達漢口，孫中山還在海外；異軍蒼頭突起[1]，只能算是同盟會的友軍；（共進會首領，在湘為焦達豐，在鄂為孫武、居正。）但革命精神的感召，還是從孫中山而來，他在那時，就成為不爭的革命領袖。

八月十九日一動手，第二天湖北軍政府便成立；駐漢外國領事團宣告嚴守中立，這就等於承認革命團體的合法地位。從那天起，到九月下旬，僅僅一個月間，宣告獨立的就有湖南、陝西、江西、山西、雲南、安徽、江蘇、貴州、浙江、廣西、福建、廣東、四川、山東等省，三分天下有其二了。這其中，長沙、九江的獨立，完成了武漢的外衛防線，陝西、山西迫近京畿，威脅北京的安全。而江浙聯軍合攻南京，替臨時政府爭得了第二個根據地；同時，各省的諮議局（一向主張緩進的立憲派）也都成為革命的同路人，把滿清政府孤立起來了。

這一次的革命，輿論鼓吹的力量也顯得非常之大；當時宋教仁（漁父）、于右任在上海主持《民立報》，（其初為《民呼報》，被政府封閉，乃改為《民籲報》，又被封閉，乃改為《民立報》。）

---

1 異軍蒼頭突起：亦作「異軍突起」，另一支軍隊引人注目的興起。《史記‧項羽本紀》：「少年欲六嬰便為王，異軍蒼頭特起。」

那些煽動性的文字，吸引力甚大。武昌起義，那些刺目大字電訊，就把各地官員嚇慌，風聲鶴唳，草木皆兵，滿清政府一半也就是給這些嚇昏了的。若干城市，事實上的獨立都比電訊遲五天十天不等，然而，讀者瘋狂似的歡迎這些謠言；當時，人心的向背關係真太大了。

那年，南昌獨立時，（江西）軍政府成立，公舉吳介璋[1]為都督。忽接飛函，說是孫文、黃興在海外開會，已推舉彭程萬[2]為都督；其後不久，突有一人自稱孫文代表，到軍政府召集會議，宣讀彭程萬的委任狀，一座無人敢出一言，吳都督也辭職而去。彭程萬也就公然做了都督了。所謂「先聲奪人」，「革命」的事就是這麼兒戲，也就是這麼偉大的！

1　時任江西新軍第二十七混成協協統。

2　留日期間追隨孫中山加入同盟會，武昌起義後策動了測繪學堂和陸軍小學學生以及駐南昌的新軍起義。

一二　袁世凱

　　一部中華民國的歷史，前半截可以說是北洋派的歷史，後半截才是黃埔系的歷史。北洋派的重心人物，無疑地該是那位洹上的袁世凱。

　　袁世凱，隨着慶軍（淮軍一部）統帥吳長慶往朝鮮，幹了幾件冒險的事，那是風雲際會初出茅廬的手筆。甲午戰後，他得軍機大臣李鴻藻和榮祿的賞識，在天津小站練新軍，那是他的政治鬥爭最大的本錢。他在光緒與慈禧那一場大鬥爭中，私下和康梁新政分子相勾結，卻中途出賣了新黨，獲得慈禧的信任，這就開始往上爬了。

　　拳變時期，他比那些糊塗滿清主子看遠了一步，不讓拳黨在山東活動；庚子那場大事變，他頓兵不進，博得國際的聲譽，這是他往上爬的第二步。李鴻章去世，他就成為唯一的繼承人，以直隸總督兼北洋大臣，這就奠定了北洋派的基礎。那一時期，李鴻章心目中，就以為「環顧宇內人才，無出袁世凱右者」。但從清廷來說，曾李的時代一過去，袁世凱乃是權臣，決不會像曾李那麼忠順的了。

　　光緒末年，北京設立練兵處，統一全國兵權；袁的左右手徐世昌、劉永慶、段祺瑞、王士珍操縱了練兵處的全權。樹大招風，滿人以良弼為首那一群新進，便佈置了排袁的局面。到了光

緒去世，宣統接位，袁世凱就奉諭開缺回籍養病，他只能到彰德養壽園休息去了。

袁世凱

那一時期，要算是袁氏走黴運的時期，但從革命運動說，這正是一個間接的助力：袁氏既受滿人的壓迫，他的新軍便起了離心作用，恰好予革命黨以滲透的機會。戊申以前，革命黨人那麼投擲熱血頭顱，發動革命，都沒有大成果；武昌起義，就由於新軍參加行動，便立刻成功。可見滿人排袁，間接卻替革命黨人添加了實力！

辛亥革命，恰好替洹上閒居的袁世凱，造成了風雲際會、見龍在田的好機會。武昌革命的消息到了北京，滿清當局便嚇慌了手腳，下諭起用袁世凱為湖廣總督，統率水陸各軍。他就遲遲不出，一面派長子克定南下和革命黨暗中有個聯絡，一面讓徐世昌在北京抓住時機，從清廷勒索軍政全權。那在獄的汪精衛，也就成為袁孫間溝通消息的橋樑了。其時，陸軍大臣蔭昌雖奉命向武漢進兵，而北洋部隊卻遲遲不奉命，詔令切責，毫無辦法，便迫出下諭授袁世凱為欽差大臣，節制各軍，馮國璋、段祺瑞各統一軍，兵權便轉到他手中去了。

接着又迫出第三幕，（山西獨立和張紹曾等兵諫，恰也給他

以助力。）慶親王奕劻內閣解體，清廷便任命袁世凱為內閣總理大臣，把政權也抓到手中。他這時才由彰德南下視師，穩穩當當把清廷抓在手掌玩弄着了。（馮國璋調任禁衛軍總統官，禁衛軍也調出北京城外，以新調拱衛軍拱衛京城；於是寡婦孤兒，就落在袁氏掌心中了。）

袁氏的南下，心裏自有成竹；他是準備了和革命黨妥協的本錢，犧牲滿清政權來完成自己的政權的。（革命黨默許他做將來的總統，但希望他成為建立在民權上的總統，袁氏卻要做大權在握的總統；這就成為和談的障礙。）他的部隊一到了漢口，便猛攻漢陽，給革命軍一個下馬威，迫革命黨接受和議；一面便頓兵漢陽，不再進攻武昌，留革命軍以討價的本錢。袁氏乃運用外交手術，通過駐北京英公使朱爾典關係，由駐漢英領事向雙方介紹議和，清廷派唐紹儀為議和代表，與革命軍代表伍廷芳在上海議和，（其時，汪精衛已釋放，暗中在京與袁直接接觸。）這一套戲法的過門，已經佈置得停停當當了。

就在一面向清廷要挾，一面向革命黨敲詐的推排過程中，袁世凱是扯起了十面風帆來把自己送到最後港口去的。曾—李—袁這一線的演變，可說是中國軍人心地的寫照，袁氏是運用權謀成功的。

促成辛亥革命那三股力量中，革命黨（同盟會）的聲勢是浩大的，但革命的步調並不一致，孫中山無疑是眾望所歸的領導人，但是他那軍政、訓政、憲政三階段的革命步驟，便不為黨人所共同接受。革命一成功，大家都想分享革命的成果，不願意等

待下去了。散佈在各省的立憲派，在當時可以說是各省諮議局的主腦人物，他們反對滿清政權，和革命黨是一致的；但孫中山的革命理論並未為他們所了解，因此，對於民主政治的推行，印象也模糊得很。北洋派新軍，在那時舉足輕重，袁世凱運用自如，這是他的最大本錢。他看準了革命黨的弱點，利用立憲派的游離心理，抓着自己的北洋派軍力，騎着兩頭船，迫着清室讓出帝位來。清室經幾次御前會議，接受了優待條件退位，孫中山也就踐着信約，讓出臨時大總統的職位；袁氏的政權既可說是受禪於清室，也可說是由革命黨所奉讓。

總而言之，袁世凱的登場，乃是既成之局，當時國人也不十分去考慮了。

可是，南京臨時政府當時公決：「臨時政府地點設於南京為各省代表所議定，不能更改。」要袁世凱南來就職，要想他離去

1912 年 3 月 10 日袁世凱就任中華民國臨時大總統

北京的帝王巢穴，與腐敗的舊勢力相隔絕，又想用法律的力量來抑制他的野心，建立一個民權的政府。在當時，便為袁氏的陰謀所打碎了。臨時政府派蔡元培、汪精衛、宋教仁、魏宸組、鈕永建等八人，北上歡迎袁氏南下主政。二月廿六日到了北京，袁氏特開正陽門熱烈歡迎，表面上一套做法。

二十九日晚間，他又由曹錕主使第三鎮軍隊在東安門、前門一帶，放火行劫，發動大兵變，第二天，天津、保定也同樣地叛變；這麼一威脅，袁氏便在中外輿情一致要求之下，留在北京了。這就完成袁世凱陰謀上的大勝利了！

一三　革命之夢

辛亥革命，那麼輕輕易易地成功了；然而，革命是如魯迅《好的故事》所寫的：

> 現在我所見的故事清楚起來了，美麗，幽雅，有趣而且分明。青天上面，有無數美的人和美的故事，我一一看見，──知道。

黃遠庸

我就要凝視他們……

我正要凝視他們時，驟然一驚，睜開眼，雲錦也已皺蹙，凌亂，彷彿有誰擲一塊大石下河水中，水波陡然起立，將整篇的影子撕成片片了。

這便是革命。凡是革命以前的好夢，到了這兒，都這麼破碎了！

接在辛亥革命以後，那是一連串的黯淡日子。楚狂老人曾經賦了一首《還我頭來》的新詩：

冤魂：

口號你喊得震天價響，

標語你散得滿地價飛，

你們究竟做到了那幾句？

且不管你們的是是非非。

口號：

我不曾開口，誰叫你喊？

標語：

我不曾生翼，誰使我飛？

口號標語：

我們本是生成給人利用的家伙，

難道你們也是給人利用的笨蛋！

XXXXXX

冤魂：

你們不要辯白得這樣起勁，

你們害死人，我們就是鐵證。

叫人向左來，自己向右去。

剛剛喊打倒，又要喊擁護，

今日我們這樣喊，你算革命，

明天我們這樣喊，你算反動。

你們這樣三反四覆的無恥，

可曾知道害死了多少性命？

XXXXX

我們喪失了性命，難道活該？

我們要大聲喊道：

「還我頭來！」

就在《阿Q正傳》裏，我們就看見了假洋鬼子剪了辮子的革命，也看見了趙秀才盤辮子的革命；可是革命一到來，假洋鬼子和趙秀才聯在一起，把尼姑庵先革了一通命，而且不准阿Q參加革命的陣線。這便是辛亥革命最真實的墓碑。

當革命運動開始的時期，北洋派新軍和立憲派的地方力量，都是革命黨的友軍；滿清政權，就在這三種勢力的聯合戰線下推倒的。但當滿清政權推倒之後，革命黨和北洋派便對立起來了。

這三大派勢力，在根本的精神上和活動的方式上，有大相差異之點，就是革命派的行動常是激進的，主動的，不計當前利害的；軍閥官僚派的行動，常是固守的，被動的，對於當前的利害計較最切的；至於立憲派，其計較當前利害與軍閥官僚派略同，但不如他們的固守，也不如革命派的激進，有時候處於被動，有時候也會自動。高一涵嘗評論這一派說：「這黨宗旨在和平改革，無論什麼時代，只要容許他們活動，他們都可俯首遷就；到了他們不能活動的時期，也可偶然加入革命黨；但是時局一定，他們仍然依附勢力，託庇勢力之下以從事活動。」這是很確切的評論，因為立憲派的精神性質上是這樣，所以，自推倒滿清帝制以來，中國政治上的鬥爭，常常是革命

派和軍閥官僚派對抗的鬥爭，而立憲派則處於因利乘便的地位。民國初期的政治情勢，大略如此。（李俊農語）

民元革命的力量一直在分化分合中；孫中山，他依然是革命派的領袖，但是，他的革命同志大多數遷就事實，願意通過袁世凱的關係來鞏固自己的政權，連他的主要幹部如黃興、汪精衛都有此傾向，黃氏希望使袁世凱入國民黨，成為黨的中堅力量。那位《民報》的主將章太炎，也脫離了同盟會，自組中華民國聯合會了。梁啟超依然成為立憲派的領導人物，民主黨又和國民黨處於對立地位了。最有趣的，國民黨、共和黨、進步黨三大政黨的口號與政治目標，十分相近，有如今日美國的民主黨與共和黨呢。

「革命」從我們身邊走過，老百姓才看清楚它的面貌，想不到它竟是如此的醜惡！

民國元年，孫中山北上入京，黃遠庸（民初著名記者）曾訪之於旅次。問及政治情形，孫氏說：「五六年內，軍民分治，還不容易辦到。」黃氏接着便說：「在此期間內，中國必無統一之望了。」孫氏又答：「五六年不統一，有什麼要緊？何必如此心急？美國到如今，也還沒有統一呢！」事實上，不僅是不統一，而且是混亂接上了混亂，一種分崩離析的傾向。

北洋派新軍的軍紀本來不好，袁世凱利用軍隊作政治鬥爭的資本，幾次主要的兵變都是他暗中主使；北京首都所在，也可以那麼公然放火殺人，下級幹部便驕橫放縱，無法無天了。各地革命部隊大部分都是烏合之眾，軍紀本來很壞；臨時政府北遷，若干部隊奉命遣散，攜有槍械，便成為散匪。最著名的白狼之變，

從豫西開頭，東奔西竄，有似捻軍；西至陝西，南攻湖北，東入安徽，數千里間馳驟往來，如入無人之地。所謂「官軍」，比白狼的匪軍還兇殘，姦淫擄掠，無所不為。老百姓的生活便更痛苦了！

那時的政黨人士，所謂國會議員，唯利是圖，不知人間有廉恥事。那位黃遠庸，曾以沉痛的文句寫民元的政局說：

> 大略豎盡古今，橫盡萬國，所謂政治家者，未有如吾國今日之政客之無節操、無主張，惟是一以便宜及感情用事。推其原因所由來，不外所爭在兩派勢力之消長，絕無與國事之張弛而已。真正平民則木然受其荼毒蹂躪，而無所控訴，則所謂政黨與議會者，亦僅兩派之角距[1]衝突，並無輿論之後援。故其結果，必仍以兩派勢力中之最強者勝，此最強者，其力益能於政治上無所不為，特彼或將有所不為耳！

這便是由革命帶來的所謂民主政治了！湖南有一位詩人王湘綺[2]，他看不慣這樣的政局，曾賦一對聯諷之：

> 民猶是也，國猶是也，何分南北？
> 總而言之，統而言之，不是東西！

1　角距：牛角與雞距，比喻黨羽。明沈德符《野獲編‧佞幸‧士人無賴》：「至正德初，劉瑾用事，焦芳、張彩為之角距。」

2　王湘綺：名闓運，字壬秋，又字壬父，號湘綺，湖南湘潭人，清代有名的學者。咸豐乙卯舉人，曾入曾國藩幕。後講學四川、湖南、江西等地。清末授翰林院檢討，加侍講銜。辛亥革命後任清史館館長。所著除經子箋注外，有《湘軍志》《湘綺樓日記》《湘綺樓詩集、文集》，並編有《八代詩選》。

一四　宋案

　　北洋派和革命黨的鬥爭，幾乎是命定的；滿清政權一瓦解，袁世凱的劍尖便刺向革命黨這邊來了。那場鬥爭，由前哨戰進入正面衝突，那是從「宋案」開了頭的。

　　民國元年九月間，孫中山、黃興相繼入京；袁世凱熱烈歡迎，以極隆重儀式相款待，表面上空氣非常融洽。假使新舊兩勢力果然這麼融洽合作，未始不是國家民族的幸福。孫中山氣度很大，臨時政府北遷了，他就想率領黨中同志為純粹在野黨，從事擴張教育，振興實業，立國家的百年大計，把政權完全讓給袁氏。可是黨中同志沒有這麼遠大的眼光，國民黨不甘於做純粹的在野黨。孫氏北上和袁氏面談時，依然談到這一打算，他表示願意率領黨員從事社會事業，建設二十萬里鐵路；一般人卻又笑他是吹大炮、說空話。

　　那時，國民黨方面，有魄力而又有政治慾望的另一領袖是宋教仁；他也是主張新舊勢力合作的。不過，他所謂合作，乃是由袁氏做總統，而實權放在責任（政黨）內閣上，這在民主政治的理論是最正確的；可是袁氏是一個政治慾更強、領袖慾更強的人，他肯安於虛君式的總統嗎？這麼一來，他就把宋教仁看作真正的政敵。（其時，連袁氏的舊友唐紹儀也因為推行責任內閣制，被袁氏所排除了呢！）

還有那位天真的黃興，他是主張化北洋軍人及舊官僚為國民黨的，（他要用化男為女的玄想去化舊為新。）表面上趙秉鈞的內閣，幾乎是清一色的國民黨，事實上只是袁世凱的御用內閣；形式上的內閣制，卻是實際上的總統制了。

宋教仁

那個情勢下的國會，參眾議院，國民黨以 392 席的多數佔了優勢，宋教仁拚命造黨，在憲法軌道以內和袁氏去鬥爭，隱然是一個不可侮的勢力。他的鋒芒，他在政治上穩固的根據，這才使袁世凱芒刺在背，不能安居。於是宋案便在意想之中產生了。

民國二年三月二十日午後十時，宋教仁在上海北站待車北上，就在此時被刺，身受重傷，延至二十二日逝世。於是國民黨與北洋派，不再能合作了。

宋案的動機是很簡單的，袁世凱要打擊國民黨在國會中的力量，擒賊先擒王，要把宋教仁這位熱心於政黨內閣的領袖鏟除掉。（三月十三日，應桂馨寫給洪述祖信中說，「民立記遁初，即宋教仁在寧之演說詞，讀之即知其近來之勢力及趨向所在矣。事關大計，欲為釜底抽薪法，若不去宋，非特生出無窮是非，恐大局必為擾亂。」已把用意說得很明白了。）至於案情，也十分明

1912 年 3 月民國政府第一任內閣成立合影，右一為國務總理唐紹儀，左一為
蔡元培，左二為宋教仁，後排中間穿軍裝者為陸軍總長段祺瑞

白的：袁世凱是主謀人，由當時的國務總理趙秉鈞在籌劃，指揮
這場暗殺事件的是洪述祖，在上海執行這一工作便是應桂馨。事
發以後，在應家搜出的函電文件，有如次露骨的話：

二月一日，洪致應函中云：「緊要文章已略為露面，說
必有激烈舉動，須於提前逕電老趙，索一數目。」

二月四日洪致應函：「冬電到趙處，即交兄（洪自稱）
手，面呈總統閱後頗色喜，說弟頗有本事，既有把握，即望
進行。」

三月二十日，（宋那天晚上被刺。）應致洪電：「二十四分鐘所發急令已達到，請先呈報。」

三月二十一日「號電諒悉，匪魁已滅，我軍無一傷亡，堪慰，望轉呈。」

這些明明白白的文件，給程德全、應德閎（當時江蘇都督民政長）搜獲了，那是無可抵賴的了。（這些證據都已公佈。）當時，上海地方審判廳審理這一案件，原告律師要求洪述祖（國務院祕書）、趙秉鈞（國務總理）到案，袁世凱當然尷尬萬狀。

可是，這是權力的鬥爭，法理、證據在權力面前，黯然失色；袁氏已經準備着使用武力，國民黨方面，除了武力也沒有第二條路可走了。那時，袁世凱向五國銀團借好了一筆 2500 萬鎊的大借款，軍費有着，動武的機會到來。他就老實對部下說：「可告國民黨人，我現已決心；孫黃無非意在搗亂，我決不能以受四萬萬人財產生命付託之重而聽人搗亂者。彼等若有能力另組政府者，我即有能力毀除之！」宋案乃成為北洋派與國民黨決裂的導火線了。

「宋案」發生，是非曲直，本來不待說的；那個在意想之外而又在意想之中的結局，恰好證明「政治」並不是邏輯的！既非法律所能範圍，也非輿論所能約束；因為它是連帶着權力出現的，一切都是「指鹿為馬」。

有一回，赫德（英人，曾任中國總稅務司。）對嚴幾道說：「海軍之於人國，譬猶樹之有花，必其根幹支條，堅實繁茂，而

與風日水土有相得之宜，而後花見焉，由花而實，樹之年壽，亦以彌長。」其實政治也是如此，希望經過一場革命，把國家就弄好來的好夢，這一來都醒過來了。

一個在朝執政的最高當局，要運用陰謀來暗殺在野黨的領袖，而輿論卻又不一定同情被犧牲的在野黨。宋案的反應，就有那麼微妙。

從應桂馨家中搜出來的函電，證明了應桂馨僱用武士英（凶犯吳福銘）是花一大筆錢的。案既破露，上海地審廳發傳票傳審趙秉鈞，嚴拿洪述祖。洪即避居青島，趙秉鈞也避嫌請假。後來政府訴之於武力，這一案也就懸擱起來了。那年冬天，應桂馨居然從上海獄中逃出，由青島往北平，（其時，洪述祖在青島，趙秉鈞任直督，在天津。）堂而皇之進出官府了。民國三年一月十九日，應出京往天津，在車上被刺身死；這又是袁世凱的手法，他要殺應來滅口。

趙秉鈞在天津，聽到應某被刺消息，曾用電話向袁鳴不平，說應的下場如此，以後誰肯替總統拚命做事呢？過了幾天，趙秉鈞也暴病身亡了。

洪憲帝制失敗後，洪述祖才受到法律制裁判處死刑。法律必須於權力失去後才發生效力，這便是對於民主政治的諷刺。洪某頗有才情，他的青島別墅叫觀川台，在南九水，風景很好。他的兒子洪深，就以之為背景，寫過一本劇本《劫後桃花》。觀川台的石壁上，刻有洪述祖的詩句：「澗落已成翎建屋，溪喧猶似蟄驚雷。」

說起來，他也是一個有志之士呢！

一五 曇花一現的二次革命

宋案發生，那些真憑實據，證明了袁世凱的政治陰謀，但是國民黨並未獲得國人的支持，國人實在厭亂，同時對於袁世凱還存着某種幻想，對於革命黨有着某種心理上的厭惡。進步黨人士，這時反而站在袁世凱那一邊，抓取一個黨權執政的機會，因此，國會內部就起了分化作用；即國民黨議員（若干議員都是革命成功以後的投機分子），也很多希望和袁氏妥協的。

袁世凱既決意訴之於武力，國民黨的腳步便有些凌亂了。據黃遠庸當時的分析：

（一）現在最激烈者，僅一孫中山，孫以反對借款，通電各國，而收效相反。（人民的心理如此。）（二）孫電致胡漢民（時為廣東都督）囑宣佈獨立，聞胡頗以時機未至拒之。（三）柏文蔚（時為安徽都督）之態度，有頗謂其此時但求騙錢到手，俟到手後即造反者；然以余所聞，安徽軍隊除某旅長一部分外，決不附和。（四）此間所傳程德全之態度，已日益明確。（五）最激烈者，人以為江西人，其實最能實行同盟會宗旨者莫過於湖南。（六）都督中之態度最明了者，莫過於李烈鈞，其派兵計劃，以余所聞，已非子虛。綜計孫黃二人，黃已少變，而孫已變，都督中李最強硬，其

李烈鈞

軍隊亦比較可恃，故現在內外咸旨目於李。

他這篇通信所分析，最近事實。插在戰禍再起的當兒，有幾件小小的插曲：蔣智由發起了一個弭禍公會，主張袁世凱辭去總統之職，並無下文；汪精衛、蔡元培以名流地位發宣言，主張要求袁氏退位，另選總統以弭戰禍，也給朝野人士冷笑了一陣。袁世凱的答案是確定了的，他的北洋派部隊已經分路進兵，首先打擊國民黨的核心，向九江進發了。

六月九日，李烈鈞免職；十四日，胡漢民免職；三十日，柏文蔚免職；國民黨三督均已去位；李純部隊向九江進發，七月十二日，任李純為九江鎮守使，戰事同日發生。

七月十二日，李烈鈞在湖口起兵討袁；其後三日，黃興入南京挾程督德全獨立討袁；其他粵、湘、閩、川、皖，各地也零零落落宣佈響應，二次革命就是這麼經過幾場小接觸，便煙消霧歇了。這一場革命的結局，替北洋派軍人鋪平道路，湯薌銘督湘，段祺瑞督皖，（其後改任段芝貴、倪嗣沖。）其後又改任李純督贛，馮國璋督蘇，（原以張勛督蘇，其後改任馮國璋，而以張勛為長江巡閱使。）長江流域，便完全收入北洋派軍人掌握中了。

這時，有兩段有趣的文獻，足以說明這一場革命的性質。當革命軍攻上海南市製造局[1]時，上海市商會致函南北兩軍説：

> 贛省事起，風潮驟急，商界首當其困。本日喧傳南北軍在製造局將有戰事，商民恐慌，要求設法維持。頃間全體開會，決議上海係中國商場，既非戰地，製造局係民國公共之產，無南北軍爭奪之必要，無論何方面先啟釁端，是與人民為敵，人民即視為亂黨。用特函告台端，約束麾下，勿與吾民為敵！

這便是民國以來，不斷的黨爭內戰中，老百姓的共同態度。結果，小鬼打架，病人受災，吃苦的還是老百姓。

當時，汪精衞也在宣言中説了如次的話：

> 一年以來，國民有一致普通之口頭禪曰「非袁不可」，然同時又有一致普通之心理，曰：「非去袁不可」。
>
> 何以「非袁不可」？非袁則蒙藏無由解決乎？曰否。非袁則列國無由承認乎？曰否。非袁則共和建議無由進行乎？曰否。然則何為而「非袁不可」？曰：以袁擁重兵故。袁之部下，不知有國民，只知有袁宮保，使袁宮保在，專制可，

1　即江南製造局。1864 年丁日昌受李鴻章委派，以 6 萬兩白銀收購了上海的大鋼廠虹口美商旗記鐵廠的機器設備和原料，設立江南機器製造總局（簡稱江南製造局），並將原在上海和蘇州的炮局也併入其中。

共和亦無不可；使袁宮保去，則亂且接踵而至；津京兵變，已小試其端，奈何其後蹈之；此「非袁不可」之說也。

今日以前，慮其部下之有變而苟然安之，然則今日以後，亦將慮其部下之有變，而苟然安之乎？慮其部下之有變，奉為大總統而苟焉安之，奉為皇帝而亦苟焉安之乎？此所以「非袁不可」之言者，同時亦必有「非去袁不可」之意也。

二次革命之失敗，也可說是「非袁不可」的心理戰勝「非去袁不可」的心理呢！

一六　前甲寅

　　這五十年間的中國士大夫，把國家大事看得太輕鬆了；開頭只覺得那些高鼻子綠眼睛的洋鬼子大炮利害，兵艦利害，有了這兩樣法寶就行了。哪知甲午一戰，大炮兵艦沉入東洋大海，全無用處；這才恍然大悟，要跟日本那樣維新變法，才會變成富強之國的。（日俄戰役，更證明維新變法的好處。）康梁捧出了維新方案，那時候真說得天花亂墜，夠多麼動人；可是戊戌小試，便碰了一鼻子的灰。於是，大家明白非把滿清的命革掉，中國既不能「立憲」，也不能「變法」的。

　　辛亥革命，一腳把滿清政權踢掉了，以為這一來中國一定得救了，哪知，滿清是倒了，官僚政府並未倒掉，袁世凱的獨裁政治比滿清還黑暗得多。

　　於是有志之士，知道非真正政治革命，建立民主政治不可。這就來了章行嚴（士釗）的《獨立周報》和《甲寅》雜誌。《甲寅》的第一篇便是「政本」，「為政有本，本何在，曰在有容。」何為有容，便是容忍反對黨存在的議會政治，於是蒲徠士[1]的政治學說，介紹進來了。民國三年，在那個政治氣壓最低的時期，《甲

1　蒲徠士：James Bryce（1838～1922），又譯作白來斯、勃拉斯、布賴斯、普萊斯等，英國著名政治活動家、政治學學者，1907年被任命為英國駐美大使。所著《美國政體》一書是迄今對現代政黨政治的最完備觀察和分析。

章士釗

寅》乃成為中國思想界的明燈。

那一時期的政治氣氛，我們可於黃遠庸寄章士釗的信中見之。「鄙人混跡京塵，墮落達於極地。蓋世事都無可談，即有所陳，猶之南北極人之相去，而乃互道寒暄，究其相去之度若何？此兩極人皆不能自喻，故費辭耗時，甚無謂也。遠本無學術，濫廁士林，雖自問生平並無表現，然其奔隨士大夫之後，雷同而附加，所作種種政談，至今無一不為懺悔材料。愚見以為居今論政，實不知從何說起。至根本救濟，遠意當從提倡新文學入手。綜之，當使吾輩思潮，如何與現代思潮相接觸，而促其猛省。而其要須與一般人民生出交涉，此後以淺進文藝，普遍四周。史家以文藝之復興為中世紀改革之根本，足下當能語其消息空虛之理也。」他已經看到中國的政治，走到絕路了！

章士釗這一群人的《甲寅》雜誌，在民初那一時期，不僅是代表着知識分子的反獨裁的政治傾向，同時也代表着一種進步了的報章文學。

本來梁啟超主編《新民叢報》時期，所為文章既不似晚漢魏晉文，又不似桐城派文，也不似八股文，乃是這些文體的變種，

另成了他所謂「新文體」。這種新文體，從舊文體解放出來，誠如他自己所說的，有幾種好處：（一）平易暢達，時雜以俚語韻語及外國語法，縱筆所至不檢束。（二）條理明晰。（三）筆端常帶情感，具有使讀者特別感動的魔力。

這便是嚴幾道所諷刺的報章文學。嚴氏云：

> 任公筆原自暢達，其甲午以後，於報章文字成績為多，一紙風行，海內觀聽為之一聳。當上海《時務報》之初出也，後嘗寓書戒之，勸其無易由言，致成他日之悔。聞當日得書，頗為意動，而轉念乃云：吾將憑隨時之良知行之。由是所言皆偏宕[1]之談、驚奇可喜之論，至學識稍增，自知過當，則曰：吾不惜與自己前言宣戰。然而革命暗殺、破壞諸主張，並不為悔艾者留餘地也。

到了章士釗的《甲寅》出來，報章文學才進入文辭雅潔、理路周密的新境。章氏自謂行文主潔，故言期有物而不枝蔓。他立論調和，故理尚執中而不偏激。他移用遠西[2]詞令，隱為控縱，世人稱之為「邏輯文學」。邏輯文學究竟是怎樣一種文體？他自言：

1　偏宕：言辭偏激過當。《後漢書・孔融傳》：「既見操雄詐漸著，數不能堪，故發辭偏宕，多致乖忤。」李賢注：「偏邪跌宕，不拘正理。」
2　遠西：在明清典籍裏指德意志、意大利等歐洲國家。由于歐洲在中國所說的西域之西，故稱遠西。

　　凡式之未慊於意者，勿著於篇；凡字未明其用者，勿廁
於句。力戒模糊，鞭闢入裏，洞然有見於文境意境，是一是
二，如觀游澗之魚，一清見底；如審當檐之蛛，絲絡分明，
庶乎近之。愚有志乎是，寧云已逮？然文中不著不了之語，
命意遣詞，所定腕下必守之律令，不輕滑過；率爾見質，意
在口而不能言其故者甚罕。

就報章文體說，章氏的文字，比梁啟超的進了一步了。

一七　新華春夢

　　《新華春夢記》，乃是一部以洪憲皇帝為主題的章回小說。洪憲皇帝於民國五年一月一日登極，六月六日身死，新華宮一場春夢，結束了袁世凱的獨裁政治。

　　袁世凱一直就想家天下，過皇帝癮的；辛亥革命之際，他和倫敦《泰晤士報》駐北京記者莫禮遜說：「余深信中國國民中，有十分之七乃是守舊分子，進步一派，最多不過十分之三；現在推倒了清帝，將來守舊黨，依舊會起來恢復帝制的。」這是他們那一群人的說法。後來，他所借用的那位政治顧問古德諾（F.J.Goodnow）所發表的對於中國政體的意見，說是考察中國之歷史、政治、民情，依據南美共和國的經驗，中國不宜於民主政體。

　　有了高鼻子的政治學家張膽，帝制論與籌安會[1]便大吹大擂上場了。

　　本來，袁氏自從民國三年五月，頒佈了新約法，他是終身制的獨裁元首，而且（總統任期十年，連任無限制；改選之年，參

1　籌安會成立於 1915 年，是打著學術團體的招牌，為袁世凱復辟帝制製造輿論的政治團體。因宣稱其目的為「籌一國之治安」，故名。楊度、孫毓筠、嚴復、劉師培、李燮和、胡瑛等發起者被諷稱「洪憲六君子」。次年討袁護國戰爭後，「六君子」以帝制禍首罪，或被通緝，或避居家中。

政院認為政治上有必要時，得為現任總統連任之議決，即無須改選。）現任總統推薦總統繼任人，（被推薦人之姓名，藏之金匱石室。）也有袁氏世襲總統之可能。大權獨攬，比任何獨裁元首或皇帝都威風得多。然而袁氏是不甘於以總統終其身，急急爬到爐火上去的了。民國二、三年間，北京已經流行「共和不適於國體，為了救亡，非恢復帝制不可」的傳說，這些傳說，都是袁克定暗中播散出來的：他這位未來的太子，在當時最熱心於這場做皇帝的買賣的。

民國四年春天，袁克定邀請梁啟超吃飯，梁氏以外，楊度（晳子）便是主要的陪客。席間，袁、楊二人，把共和政體批評得體無完膚，言下表示非改變國體不可；他們兩人，顯然希望能夠獲得梁氏的支持。而且，梁氏本來是君主立憲論派，他們以為可以引為同志的。梁氏當時列舉內部及外交上的危險情形，勸他們懸崖勒馬；彼此之間，便是「話不投機半句多」了。

陶菊隱作《六君子傳》，重心放在楊度身上，這是不錯的；所謂籌安會六君子，實實在在只有楊度一個人。洪憲帝政，便是他跟袁太子克定兩個人唱出來的雙簧。

李劍農分析所謂籌安會六君子：孫毓筠、胡瑛、李燮和三人是以革命元勛被借重的，劉師培也是以國學大師被借重的，嚴復則以學貫中西的學者被借重的；據嚴氏與友人書，便說他的列名籌安會，實乃被楊度所強姦。他說：「我雖主張君主立憲，可是應該推戴誰做皇帝，實在是個難題。」他並不讚成袁世凱做皇帝的。所以六分之五的「君子」，都是陪客，所謂裝點場面的配角是也。

楊度，他是很有才氣的人，光緒年間，經濟特科所拔選的才士；戊戌政變以後，他和激進的革命領袖黃興、陳天華往來甚密；後來又心意動搖，由革命黨變成了君憲黨，和梁啟超步調一致的；預備立憲時期，參加憲政編查館工作，成為袁世凱的親信；辛亥革命初期，他便以袁世凱私人代表地

楊度

位，和革命領袖汪精衛作幕後接觸，因此他所主持的「國事匡濟會」，也成為袁氏幕後的主要機構了。

民國初年，楊氏看準了袁氏的心理，乃發表他的君憲救國論，（他說：「共和決不能立憲，惟君主始能立憲，與其行共和而專制，不若立憲而君主。」）他和袁克定唱過一本雙簧[1]，其意非常明顯；他是不甘寂寞，要想做洪憲皇帝的第一任內閣總理，完成他的一人之下萬人之上的夢想的。

楊記籌安會的上場，輕鬆而簡便。原定八月二十一日開成立大會，十九日卻先通告成立了，說是本會工作甚忙，不待大會

1　雙簧：中國傳統曲藝的一種。一人在前面表演動作，一人藏在身後說或唱，互相配合，好像前面的演員在自演自唱一樣。比喻雙方串通的活動，由一方出面，另一方背後操縱。

先行成立，推楊度為理事長，孫毓筠為副理事長，嚴、劉、李、胡為理事，於是那位外國顧問的君憲論和入會願紙及投票紙，一併寄發。而且因為會員太多，會場不易找到，一律用投票議決，「請於表決票上，填寫『君憲』或『共和』」。國體問題，就在這麼兒戲戲法中出現了。

中國的民意，一直就是這麼輕而易舉地給當政的強姦了去的。

楊記籌安會以神奇、迅速、微妙的手腕，完成了國民公意的請願戲法。據當時北京當局發給各地當局的電文說：

> 國體投票開票後，當即行推戴，無須再用投票手續，即由公等演說應推戴袁世凱為大皇帝；如讚成，應起立；表決後，即將擬定之國民推戴書，交請各代表署名。事畢，再由公等演說，推戴及催促大皇帝即位之事，可用國民代表名義，委託代行立法院為總代表，即將預擬之國民代表致代行立法院電稿，交請各代表讚成。至推戴文內必須敘入字樣，已將原電奉達，此四十五字，萬勿更改。

戲法一拆穿，就是這麼一點玩意兒；以中國區域之大，不到兩個月，居然全體選舉完畢，全國 1993 票，票票主張君憲，無一票表示反對，而且每一票上，都寫着：「謹以國民公意恭戴今大總統袁世凱為中華帝國皇帝，並以國家最上完全主權奉之於皇帝，承天建極，傳之萬世！」45 個大字，沒有一筆不同。有人說，袁世凱的手法，比法國的拿破崙一世三世都高明得多了。

中國的民意，自來聽任執政者捏造，方圓任意。梁啟超對這幕戲法，曾加考語：

> 自國體問題發生以來，所謂討論者，皆袁氏自討自論；所謂讚成者，皆袁氏自讚自成；所謂請願者，皆袁氏自請自願；所謂表決者，皆袁氏自表自決；所謂推戴者，皆袁氏自推自戴。右手挾利刃，左手持金錢，嘯聚國中最下賤無恥之少數人，如演傀儡戲者然；由一人在幕內牽線，而其左右十數變人，蠕蠕而動；此十數變人者復牽第二線，而各省長官乃至參政院蠕蠕而動；彼長官等復牽第三線，而千數百不識廉恥之輩，冒稱國民代表蠕蠕而動。

這本傀儡戲，就是這麼上演了。曹丕做了皇帝，他恍然有悟，說：「舜禹之事，吾知之矣！」反正四萬萬個阿斗，在他心目中，如此而已。

然而，好夢由來最易醒，「一手可以掩盡天下耳目！」可是天聽自我民聽，老百姓也不是這麼容易欺負的；袁世凱畢竟做了皇帝便一跤摔死了呢！

一八 異哉所謂國體問題

　　反洪憲帝政的護國戰役，梁啟超和蔡鍔都是主要人物；梁氏的《國體戰爭躬歷談》《從軍日記》《護國之役回顧談》，都是第一等直接史料。

　　民國三年年底，袁氏的皇帝慾已經很顯露了；梁氏便把自己的家從北京移到天津去，作抽身的準備。第三年五月間，他從廣東北歸，路經南京，正值馮國璋做江蘇將軍，他對梁氏說到袁氏要做皇帝的事，便相約同車入京，想對袁氏進些忠告。哪知他們還沒開口，袁氏已先自說了，而且說得十分痛切，表示他自己決無此種心意，也就罷了。哪知馮氏回南京、梁氏到了天津不久，籌安會便鬧起來了。

　　籌安會出現後的第七天，梁啟超那篇有名的《異哉所謂國體問題》便寫出來了。據梁氏自述：「其時亦不敢望此文之發生效力，不過因舉國正氣銷亡，對於此大事無一人敢發正論，則人心將死盡，故不顧利害死生，為全國人代宣其心中所欲言之隱耳。」

　　這篇文章尚未發印，袁氏已有所聞，託人致意，叫他不要印行。有一天，袁氏打發人送了十萬塊錢一張票子和幾件禮物，說是送梁老太爺的壽禮，梁氏婉辭謝卻，把十萬塊錢退還。別的禮物收了兩件，同時把那篇未印成的稿子給來人看，請他告訴袁氏採納他的忠告。那人便垂頭喪氣地去了。後來，袁氏又派人

跟梁氏說：「君亡命已十餘年，這種味兒，也吃夠了吧！何必再自尋煩惱！」梁氏笑謝之。接着梁氏便南來着手反帝制的軍事行動了！

蔡鍔

戊戌政變時，袁氏原是康梁的大敵，新政所以失敗，就因為袁氏被慈禧所收買，出賣了光緒的帝權的原故。可是，民初在國民黨與袁世凱的鬥爭中，梁氏反而成為袁氏的羽翼；後來，袁氏大權獨攬，又把進步黨冷在一邊。帝政之後，梁啟超的進步黨才和袁氏對立，又和國民黨站在一起了。

「反帝制」的行動中，插上了戲劇性的蔡鍔（松坡）從北京出走的故事，格外來得生色些。

蔡將軍，民三辭去了雲南都督，和梁啟超、湯覺頓一同在北京；梁攬政治，湯弄財政，蔡研究軍事，這是他們進步黨志士的偉大抱負。他們想在袁世凱的中央集權情勢下，實現他們的政治經綸。袁氏要做皇帝，他們決意保護共和，蔡將軍便非出走不可；因為他的政治軍事資本，都在西南雲貴角上，不從北京脫走，遠水救不得近火的。可是，梁啟超的反帝制問題文字一發表，蔡將軍的行動就受了限制了。

那時，蔡將軍在北京，便聯合好些軍官作讚成帝制的表示。

他在北京，逢人就說梁啟超是書呆子，不識時務，而他卻是一個識時務的英雄。袁的左右，問他為什麼不勸勸梁某，叫他早日回頭？他說：「書呆子自有傻勁，勸不醒的；不過書呆子沒有用的，秀才作反，三年不成，放心好了！」可是，袁氏是不會輕易放過他的，蔡將軍的北京寓所，便碰上了離奇的盜劫案。他就裝作打牌吃花酒，過極腐敗的生活，那麼混了好幾個月。直到袁氏的監視，漸漸鬆懈了；他便於十二月二日，從北京到了天津，搭船到日本長崎，一溜煙到雲南去了。

蔡將軍出走了十天，梁啟超也悄悄地搭船往大連，再由大連轉上海；這幕大軸戲便上演了。

梁氏南行，在上海便和國民黨若干人士有實際聯絡。環龍路之會，便是章士釗從中拉攏；國民黨和進步黨的切實合作，乃是反帝制所以成功的主因之一。一方面，也可以看出進步黨人士的普遍覺悟。當時，梁氏致信進步黨人士，說：

> 吾黨夙昔持論，厭畏破壞，常欲維持現狀，以圖休養。今以四年來試驗之結果，此現狀多維持一日，則元氣斫喪一日。吾輩擲此聰明才力，助人養癰，於心何安，於義何取？使長此無破壞，猶可言也，此人則既耄矣，路易十五所謂朕死之後，洪水其來，鼎沸之局，既無可逃，所爭者早著已耳。

在梁氏的一生，這一回是最堅決的一回。

梁啟超的筆鋒是有魔力的，不獨他的《異哉所謂國體問題》

一文，足以寒袁世凱之膽，連他的《從軍日記》，也足以鼓舞百年後的讀者。

雲南起義的打算，原由梁、蔡和戴戡三人在北京密議決定。雲南決於袁氏下令稱帝后即獨立；貴州則接在一月後響應，廣西則遲兩個月發動；於是以雲貴之力下四川，以廣西之力下廣東，約三四個月後可以會師武漢。後來，蔡鍔主持雲南軍事行動，梁氏則經越南往廣西，策動兩廣的軍務。西南半壁，就在這樣的計劃下站穩腳跟來的。

梁氏到上海後，他的行動，便引起了多方面的注意；他們和國民黨採取聯絡行動，一方面和南京的馮國璋也取得了某限度的默契。同時，他們獲得日本政府當局事實上的支持，其能繞道安南，由海防入鎮南關，沿途「各種各色人，咸動於其政府默示指揮之下，如身使臂，臂使指，條理井然，而樂於趨功，無倦容，無強態」。可見日本當局對中國局勢的關心。

西南局勢一變動，袁世凱的情勢，就一天一天壞下去；雲貴向四川進兵，雖不如預想那麼順利，但袁氏派兵入川，也同樣的不順利。他相信楊度的話，以為北洋諸將惟欲攀龍附鳳，求子孫富貴，哪知諸將並不想把黃袍加向袁皇帝的身上。首先段祺瑞就表示不合作，籌安會成立，段氏便被免去陸軍總長職務。馮國璋在南京，首鼠兩端，北洋派內部便開始破裂了。

日暮窮途，袁氏就在四面楚歌中自動取消了帝制，卻也改變不了惡化的趨向。他這才嚐到了迫人與被迫的滋味，夜不成寐，突然於六月六日死去。這一場夢，也就這麼不了了之了。

一九 「五四」的前夜

反帝制的運動中，進步黨係處於領導的地位，蔡鍔在滇黔已經有了根基；陸榮廷招梁氏入桂，進步黨才向粵桂分頭發展；戴戡入川，也準備在川培植一點根基。在北洋派軍人中，梁氏和馮國璋有密切關係，蔡鍔有重建北洋派的雄圖，也準備和段祺瑞攜手。民五的進步黨，可說是得道行其志之時；（最初，進步黨只想造成南北均勢，袁氏既死，便準備聯段來統一中國。）

無奈命不由人，蔡將軍積勞過度，病歿東京。後來戴戡在川亂中被殺，梁氏原想利用北洋軍閥的實力，結果又為段祺瑞所玩弄，陷於民二的覆轍；進步黨的政治希圖，至此完全失敗。

民七以後，梁氏和他所領導的研究系，才覺悟和軍閥合作之不可能；同時，知道中國的改革必須是有進一步的改革，並非專談軍事、政治革命所能奏效。梁啟超在《大中華》上的創刊詞中，即表明這一份覺心。他們着眼在文化運動，北京的《晨報》、上海的《時事新報》，《晨報》的副刊和《時事新報·學燈》乃成為文化運動的營壘之一。梁氏拋開政治生活，歐遊歸來，便和丁文江、蔣方震、張君勱、張東蓀，努力學術研究及社會文化運動，這便開出今日社會民主黨的先河。

梁氏一生都跟着時代在前進，雖不曾跑在時代的前面，卻也不落在時代的後面。他從歐洲回來，有感於歐洲的文藝復興運

動，也想掮出這面大旗在中國爭取領導的地位；可是，他是不主張積極行動的，這領導地位也就給國民黨抓去了。到了晚年，梁氏倒成為純粹的史學家了。

當時，李大釗曾作了一篇描寫大家庭生活的小說，這一家有三位少爺同愛着一位侍女，大少爺吃喝嫖

李大釗

賭，無所不為；二少爺是個安分守己的人，想改造家庭而缺少勇氣；只有三少爺想脫離家庭實行革命。侍女對大少爺早已厭惡，對二少爺雖有意而嫌其不中用，最後跟着三少爺跑了。他所說的二少爺，即是梁啟超。

民國四年，黃遠庸去國以前，寫信給章士釗說：「居今論政，不知從何處說起；至根本救濟，遠意當從提倡新文學入手。」他們這一群人，已經看穿了政治的把戲，不僅厭倦，而且絕望了。他正暗示着一個新文學運動的到來。（黃氏到了美國，以誤會被刺身亡，已不及見新文學運動了。）

就在那時，遠在海外，有幾個青年留學生任鴻雋、梅光迪、楊銓、唐鉞和胡適，在綺色佳過夏時常在討論中國文學的問題。討論中梅光迪最守舊，絕對不承認中國古文是半死或全死的文字。胡適最激進，提出文學革命的口號，有詩云：「梅生梅生毋

自鄙，神州文學久枯餒，百年未有健者起。新潮之來不可止，文學革命其時矣！吾輩勢不容坐視！」胡適的具體主張，就是要作詩如作文，他認定了中國詩史上的趨勢，由唐詩變到宋詩，無甚玄妙，只是作詩更近於作文，更近於說話。

到了第二年（一九一六年）胡適和梅光迪之間的辯論，非常激烈；胡適以辯論而起了更進一步的覺悟：「一部中國文學史只是一部文學形式（工具）新陳代謝的歷史，只是活文學隨時起來替代了死文學的歷史。文學的生命，全靠能用一時代的活工具來表現一個時代的情感與思想；這就是文學革命。」

當時的梅光迪，大概為胡適所說服了，也讚成胡適的主張了。那時，胡適更堅定了自己的主張，寫《沁園春》那首誓詞：

> 更不傷春，更不悲秋，以此誓詩。任花開也好，花飛也好，月圓固好，日落何悲？我聞之曰：「從天而頌，孰與制天而用之？」更安用為蒼天歌哭，作彼奴為！
>
> 文章革命何疑！且準備搴旗作健兒。要前空千古，下開百世，收他臭腐，還我神奇。為大中華，造新文學，此業吾曹欲讓誰？詩材料，有簇新世界，供我驅馳。

這是大時代的氣息！從民五到民八，北洋派內部分裂所引起的國內危機，與日本軍閥的大陸政策所顯露的侵略野心，我們中國國運已進入最黑暗的階段。胡適從海外歸國之際，有人說：「你去國這麼久，中國已經變得使你不認識了。」他慨然道：「中

國老是進三步退二步的；她只怕你不認識，一定在走回頭路在等着我們呢！」果然，他到了上海，正當南北軍閥大殺伐大動亂之際，到處都是一團糟呢！

不過，《新青年》已經於一九一六年春間出版了，這是社會大變動的風信旗。二卷一期有一篇題名為《青春》的文字，他說：「青年之自覺，一在衝決過去歷史之網羅，破壞陳舊學說之囹圄，勿令僵尸枯骨，束縛現在活潑之我；進而縱現在青春之我，撲殺過去青春之我，促今日青春之我，禪讓舊日青春之我。」思想革命的意向，已經顯露出來了。其明年一月，胡適就在《新青年》發表了《文學改良芻議》，有名的「八不主義」便是那篇文字的骨幹。接着，陳獨秀便發表了《文學革命論》，堅決地說：

> 余甘冒全國學究之敵，高張文學革命軍大旗，以為吾友胡適之聲援：旗上大書特書吾革命軍三大主義，曰推倒雕琢的、阿諛的貴族文學，建設平易的、抒情的國民文學；曰推倒陳腐的、鋪張的古典文學，建設新鮮的、立誠的寫實文學；曰推倒迂晦的、艱澀的山林文學，建設明了的、通俗的社會文學。

「文學革命」以喧鬧的腳步進入中國文化界；它代表了一般文化人的普通覺悟，想從社會根柢最深處着手革命的工夫了。

二○　五四運動

差不多有了千百篇文字，寫到了「五四運動」；每一本中國現代史，留着很多的篇幅在記載「五四運動」。

照那事件的發展，可說是很簡單的：第一次世界大戰以後，日本在東方站起來了，它要獨霸東亞，爭取領導權；它要宰割中國，完成他們的大陸政策。它知道列強都給戰爭拖得疲乏了，它要各國在巴黎和會中承認他們手中抓到的贓物。中國的和會代表力爭無效，連主持正義的威爾遜[1]都噤口無言。北京政府當局，顯然準備屈服了；於是以北京大學為中心的「五四」大遊行，野火燒起來了！那些熱血滿胸、怒情奮生的學生，那天打了曹、陸、章三個親日的外交當局，燒了趙家樓[2]。

這是一場社會運動，這是一件政治的民眾運動，這是民眾表示自己的意向的行動。

然而，五四運動並不僅是政治性的；它的重大意義，卻在文化方面；這是最偉大的文化運動，又是新文學運動的開場，這

1　威爾遜：托馬斯・伍德羅・威爾遜（Thomas Woodrow Wilson，1856～1924），美國第28任總統。他在巴黎和會上提出「公理戰勝強權」口號，但由於其他西方列強和日本的抵制，他向日本妥協，使中國收回膠州灣的願望落空。

2　趙家樓：位於北京長安街東端之北，原係明代大學士趙貞吉的宅邸，後來成為曹汝霖的第宅。五四運動中的「火燒趙家樓」事件而聞名中外。1949年後舊宅全部拆除，在原址新建某單位招待所。

曹汝霖、陸徵祥、章宗祥等人合影

是現代中國的記程碑，由此進人了新的時代。筆者記得五月二日（民國七年）的下午，杜威博士到了杭州，準備五月五日開始公開的學術講演，由蔣夢麟博士擔任翻譯；「五四」事件發生，蔣博士連夜動身北返，乃由鄭曉滄博士代任翻譯。從那以後，差不多有一年的長時期，青年學生都在遊行示威、罷課罷教、講演宣傳、貼標語、喊口號中過活。

白話文起來了，婦女問題、家庭問題、男女同學問題，也都討論得十分熱鬧了。學生治校的傾向，成立了學生自治會，道爾頓制 [1] 代替了注入式的教學法。這時候，流行了兩個劇本，一個是

1　道爾頓制：1920 年由美國人帕克赫斯特在麻省的道爾頓中學所創立的一種教學制度，教師不再通過上課向學生系統講授教材，而只為學生分別指定自學參考書、佈置作業，由學生自學和獨立作業，有疑難時才請教師輔導。學生完成一個階段的學習任務後，向教師彙報學習情況並接受考查。

易卜生的《傀儡家庭》(《娜拉》),一個是胡適的《家庭問題》;娜拉出走,成為新典型的英雄,而一個反抗舊家庭的李超,也在胡適筆下成為新時代的女性。《新青年》雜誌也就成為青年的新聖經了。說到「五四運動」,就必然連帶想到《新青年》;陳獨秀和胡適,無疑成為文化導師,洪水猛獸的象徵人物。其他如錢玄同、劉半農、魯迅、周作人,都是《新青年》那一戰線中的戰將。魯迅說起,那時的《新青年》,每出一期就開一次編輯會,商定一期的稿件。

其時最惹我注意的,是陳獨秀和胡適之。假如將韜略比作一間倉庫罷,獨秀先生的是外面豎一面大旗,大書道:「內皆武器,來者小心!」但那門卻開着的,裏面有幾枝槍,幾把刀,一目了然,用不着提防。適之先生的是緊緊的關前門,門上黏一條小紙條道:「內無武器,請勿疑慮。」這自然可說是真的,但有些人有時總不免要側着頭想一想。1

這就是新文化運動兩位主將不同的風格。

當時,一個象徵的守舊派人物,那是王敬軒;這人是劉復(半農)造出來的;但他那封寫給《新青年》記者的信,卻代表一切守舊派的共同意向。(那封駁王敬軒的覆信,出於錢玄同之筆,也是痛快淋漓。)真正代表守舊派來攻擊《新青年》的文化

1　魯迅《憶劉半農君》。

革命、文學革命的，那是林琴南；他的信是寫給蔡子民（北大校長蔡元培）的。他攻擊「過激之論」，認為救世之道，必度人所能行；補偏之言，必使人以可信，若盡反常軌，不中其度，則未有不弊者。他說《新青年》派叛親蔑倫，即是「廢孔」、「非孝」。（後來加上「公妻」，「共產」為四大罪狀。）他尤其反對白話文，「若盡廢古書，行用土話為文字，則都下引車賣漿之徒，所操之語，按之皆有文法，據此，則凡京津之稗販，均可用為教授矣。」

凡是新舊之戰，新者常勝，舊者必敗，林琴南雖說提了丈八矛槍出來大殺一陣，卻經不得幾回合，便偃旗息鼓而走了。

在文學革命的營壘，樹起了「國語」的文學，文學的「國語」的大旗，大踏步進人中國的文壇；白話文畢竟取「古文」的地位而代之了。《紅樓夢》《水滸》《儒林外史》《三國演義》也就駕桐城文而上，公然進到課室中來了。

「五四運動」，由於政治的外交的波瀾，乃影響及於文化、文學，這可說是「秀才造反」的本色。可是，由於文化、文學的革命，影響及於政治、社會的革命，現代的「秀才造反」，那真不平凡的了。

「五四」以迄國民黨改組、中國共產黨產生、國家主義派[1]組成這一段時期中，中國有過一個與政治有密切關係的青年團體，便是少年中國學會。

據左舜生的追憶：曾琦、王光祈、陳愚生、張夢九、周太

1　國家主義派：20世紀20年代在中國出現的推崇國家主義的政治哲學流派。又因其創辦《醒獅》週報而被稱作「醒獅派」。推崇德國費希特等人的學說，反對民主革命，宣傳唯實史觀和心物並重等。

玄、李大釗和左先生自己，乃是發起的人，後來吸收了東南、金陵及河海工程等大學的優秀青年，先後增加到一〇八人。「少中」的宗旨很簡單，「本科學的精神，為社會的活動，以創造少年中國」。他們的信條是「奮鬥，實踐，堅忍，儉樸」八個大字。到了民國十三年間，他們為了政治觀點，引起了激烈的爭辯，經過了一年多的辯論，終於「少中」瓦解，會員各行其是，正是後來左右分歧的開頭。

當時會員中，如惲代英、李大釗、鄧中夏、毛澤東、劉仁靜、張聞天、沈澤民、黃日葵、侯紹裘、楊賢江向左轉，成為共產黨的主將。曾琦、李璜、張夢九、何魯之、左舜生、余家菊、陳啟天、劉慕英向右轉，先是國家主義派，後來變成青年黨的主角了。他們分裂時，鄧中夏在門外和左舜生握手道：「好，舜生，我們以後在疆場相見吧！」我們想不到他們這一團體的分裂，也就是中國的分裂了呢！

就在那個時期，向右的研究系（以梁啟超為首），和向左的國民黨（以孫中山為首），爭取文化與社會運動的領導權。研究系在北京辦了《北京晨報》，在上海辦了《時事新報》，《晨報》副刊和《時事新報》「學燈」領導着新文學運動；國民黨在北京辦了《京報》，在上海辦了《民國日報》，《京報》副刊和《民國日報》「覺悟」，也同樣爭取新文學運動的領導權。有一時期，「學燈」和「覺悟」，就代替了《新青年》的地位，等到國民黨改組，決定了「容共」、「聯俄」的政策，中國的史頁又重新寫過一回了！

二一　從洋鬼子到洋大人

　　近三百年間，歐美人之在中國經歷了三個時期：「洋鬼子」——「洋大人」——「帝國主義者」；第一個時期最長，足足有了 200 年，跟着十九世紀一同終結。（一九〇〇年義和團事件發生，第二年便是《辛丑和約》產生。）這一筆糊塗賬，也是無從算起的了。

　　本來中華民族，並不是不曾見過世面的。魏晉間，南洋群島的土人已經到了揚州、南京一帶經商；隋唐間，由中亞細亞過來的景教、拜火教教徒，也在長安立寺傳教；而唐宋兩代的波斯胡航海而來，在交州、廣州、明州（今寧波）、泉州一帶正式設肆經商，有的就在中國成家立業；黃巢在廣州殺了十萬胡人的傳說[1]雖不盡可信，但交、廣一帶，以波斯為中介，和西方發生密切的商業關係，那是最可信的事實。

　　元朝以後，東西的陸上交通，已經暢通無阻；新疆為古代印度、波斯、希臘往來交通之要衝。商人多自新疆西南而行，到了波斯復西行，入於小亞細亞，然後往歐洲去。水路則自歐洲放洋，出地中海，到了埃及，再換船渡紅海、阿拉伯海，直達印度，船復東行，過馬六甲海峽，東來安南商港（交州），再東行至廣州。（筆者再三提請讀者注意，我們缺少一部完整的以中亞

1　　見於《馬可‧波羅遊記》

細亞為中心的世界史，所以若干概念都很模糊。）

十五世紀中，歐亞二洲間的主要商路，有中、南、北三線。

〔甲〕中路係利用底格里斯〔Tigris〕河流域。凡中國、香料群島[1]、印度所產的貨物，由土人用小船輾轉運送，從海岸以達波斯灣口，由此轉至底格里斯河口，更溯河以至巴格達〔Bagdad〕。其後又由隊商[2]運至地中海東北隅之亞勒波〔Aleppo〕與安提阿〔Antioch〕，或者經過沙漠，通往大馬士革〔Damscus〕及敘利亞沿岸各埠，有時更由隊商繞道而南，通往埃及之開羅與亞歷山大城。

〔乙〕南路則經紅海。阿拉伯人的船舶，每由印度與遠東運貨渡印度洋而往紅海，轉由隊商自紅海運至開羅與亞歷山大城。船舶趁得上貿易風的話，由印度航往埃及，需時不過三月。

〔丙〕北路，乃由印度與中國之後門以通往黑海之多數路徑。由印度與中國運貨的隊商，均聚集於撒瑪爾坎〔Samarkand〕與布哈拉〔Bokhara〕，那兩個天山西麓的名城；自布哈拉而西，或往裏海之北，經俄境而抵波羅的海，或經窩瓦河口而往亞速夫海〔Kaof Azov〕各埠。其他或繞裏海沿岸，經他布里仔〔Tabriz〕與亞美尼亞而往黑海海岸之脫勃必宗〔Trebizom〕，那時意大利人操縱了這一線的商業。

當時歐洲的商業中心，集中在地中海沿岸，由意大利人、埃

1　香料群島：即東印度群島，公元十五世紀前後歐洲國家對東南亞盛產香料的島嶼的泛名。

2　隊商：中世紀以前商人和朝覲宗教「聖地」兼經商者，常在亞、非、歐洲各地循陸路結隊同行，攜帶武器共保安全，故稱隊商。

及人在操縱；歐亞的陸中交通，由波斯人、阿拉伯人來經營的時期，先後一千多年，也算不得短；東來的歐洲人，十三四世紀已經不少，馬可‧波羅便是最著名的一個，那一時期，高鼻子、碧眼珠的朋友，也並不算是怪物。近幾十年地下所掘出來的唐代土俑，有的如非洲黑人，有的如歐洲人，有的如印度人，可見那時人所見的西方人已經很多，並不曾產生「洋鬼子」這一觀念。

到了十六世紀初，葡萄牙人東來了，接着西班牙、意大利、比利時、法蘭西人也到中國來了。利瑪竇、龐迪我、湯若望這一群人所帶來的基督教義以及天文、地理、算學、兵器的西洋知識，頗受朝野的歡迎；明末清初，他們都曾在北京參與修正曆法，製造天文儀器、實測地圖的工作，也並未變成了詛咒的對象。

「洋鬼子」這一顯明的概念，倒是十八世紀以後的產物，一直瀰漫了兩個世紀，以義和團的口號與行動為最具體。

他們相信高鼻子、碧眼珠的洋人是吃人血的，用人的心熬了油澆成了洋燭，那就可以開礦了（人心愛財，地下有財寶處，燭光必向下歪斜着。）；把人的眼睛挖下來，像鹹菜般窖起來，那就可以通電報、拍照相了；他們想像「洋鬼子」是羊轉世的，一身羊腥氣，只要我們多殺一些羊，洋人就會死絕了；洋人的腿是直的，跪不下來的；眼珠是綠的，白日看不見東西；洋人的炮火是利害的，可是最怕月經帶、馬桶刷之類……這些話，並非是海外奇談，而是見之於清廷大員的奏牘，並且見之於行動的。義和團便是帶着引魂幡、混天大旗、雷火扇、陰陽瓶、九連環、如意鈎、火牌、飛劍八寶法物入京的，就在這樣的世界觀上（即洋鬼

子論），造成了我們所身受的國際局勢，迫而接受了由這局勢所招致的種種後果。

那位十九世紀後期操縱清廷政權的慈禧太后，她有一回和臣屬閒談，說：「世界上哪裏會有這麼多的外國？什麼英吉利、法蘭西、俄羅斯是有的，其餘都是李鴻章造出來，騙騙我們的！什麼葡萄牙、西班牙，有牙齒的葡萄，你們看見過沒有？」不錯，有牙齒的葡萄是沒有的，但葡萄牙卻比滿洲人進關還要早[1]，早過一個世紀。她真是「洋鬼子時代」政治圈子中的「傑作」，她相信黎山老母、太上老君會把洋鬼子一腳踢出去的。

但是，那一大群中了魔如醉如癡似的群眾，他們的說法雖是錯誤的，他們的想法卻並不錯誤的。這些到東方來的高鼻子、碧眼珠的洋人，雖說和以往的洋人樣兒相同，實際上並不相同。這些洋人，雖說不是用人的心肝熬油做蠟燭來照見礦藏，事實上是把我們的礦藏挖了去的。雖說不把我們的眼珠挖了窨腌來，用作發電攝影的工具，事實上是把我們的郵電、交通、內河航線抓到手中去的。雖說並不吃人血的，事實上卻吸取了我們的原料，再把製成品傾銷到我們這個大市場來，榨乾了我們的經濟力的。

他們很籠統的思維，以為使得我們窮困，生活失靠，都是由於中國的不太平，不太平都是由於洋人的欺負，修鐵路、開礦山把我們的龍脈挖斷了，地藏的寶氣泄漏了；所以使得我們一天窮困一

1　明嘉靖三十二年（公元 1553 年），葡萄牙船隊以需要晾曬貨物為理由，通過賄賂中國廣東地方官員進入並租居澳門。

法國畫報中刊登的義和團焚毀教堂的漫畫，布昂繪

天；我們要想免除這種窮困，非把一切洋人驅逐出去不可。但是看見洋人的兵艦槍炮都着實利害，於是想到《封神》《西遊》在戲台上所表現的神通法力，必定有幾分可靠的；起初由少數的奸猾者藉以哄騙多數，漸至彼此互相哄騙，久而久之，大家自己哄騙自己。這便是所謂群眾的心理，由生活的不安，演為借神力的排外。

那便是著名的一九〇〇年的義和團事件的上演。

排洋思想，事實上也不僅僅在群眾中流行，即當時的士大夫也人同此心、心同此理。中國的士大夫，走着儒家正統派思路

中國近百年史話

的，如董仲舒一流人，都帶着陰陽五行的神祕色彩，和道教呼風
喚雨、捉妖降魔那一套合得攏來的。清末湖南有一位博學的怪儒
葉德輝，他寫信與皮鹿門說：

> 亞洲居地球之東南，中國居東南之中，無中外獨無東西
> 乎？四時之序先春夏，五行之位首東南，此中西人士所共
> 明，非中國以人為外也。五色黃屬土，土居中央，西人辨中
> 人為黃種，是天地開闢之初，隱與中人以中位。西人笑中國
> 自大，何不以此理曉之？

義和團的「坎字拳」、「乾字拳」等等，與這種「五行之位首東
南」、「五色黃屬土」思想淵源上原是一貫的。那位以漢軍翰林至大
學士的理學家徐桐聽到拳團到了京師，大喜道：「中國自此強矣！」

殺「洋鬼子」的悲喜劇就這麼開頭，也就這麼結束了。

士大夫群中之又一部分，就在「洋人」勢力向中國侵入的漫
漫長夜期中，看到了另外的一面。那位為了處理鴉片戰爭事件得
了罪，遠戍新疆的林則徐，他眼睛閃亮，看懂了中國所以失敗的
主要原因在兵不精、器不良；他從西行途中，寫信給他的朋友揭
出這一要點，要大家不可再夢夢[1]於精神文明可以抵抗物質文明的
幻想；他的部屬魏默深[2]，更懂得這個最切實的道理。(當時，澳門

1　夢夢：昏亂不明。《詩經·大雅·抑》：「視爾夢夢，我心慘慘。」
2　即魏源（1794～1857），《海國圖志》的編譯者.

報紙嘲笑中國之武備，「普天之下，為至軟弱極不中用之武備；及其所行為之事，亦如紙上說謊而已。其所出之論，亦皆是恐嚇之語。其國中之兵，說是七十萬之眾，若有事之時，未必一千合用，餘皆下等聚集之輩」。紙糊的老虎已經拆穿了！）

這樣便開出十九世紀後期，以曾國藩、李鴻章為中心的洋務運動（堅甲利兵論派），一八六三年（同治二年）四月，李氏寫信給曾國藩說：「外國用兵，口糧貴而人數少，至多一萬人即當大敵；中國用兵多至數倍，而經年積歲，不收功效，實由於槍炮窳濫[1]。若果能與西洋火器相埒，平中國有餘，敵外國亦無不足。」又說：「洋務最難措手，終無辦法；惟望速平賊氛，講求洋器。中國但有開花大炮、輪船兩樣，西人即可斂手。」

一八六六年一連串的洋務紀錄：造船，制械，築軍港，設電報局、招商局、織布局、礦務局，派選留學生赴美留學，派武弁往德國學習水陸軍械技藝，這是第一步覺悟。知道我不如人，「轉危為安，轉弱為強之道，全由於仿習機器。」

到倫敦去當外交重任的郭嵩燾，他看得更深遠一步，更透徹一點；他知道「兵者末也，各種創製皆立國之本也」。「日本在英國學習技藝者一百餘人，而學兵法者絕少。……欲令出洋之官學生，改習相度煤鐵煉冶諸法及興修鐵道電學以求實用」。他所指出堅甲利兵並不足以代表外國的長處，「殫千金之技以學屠龍，

1　窳濫：yǔ làn，粗劣。宋蘇舜欽《兩浙路轉運使司封郎中王公墓表》：「公建言，使定其窳濫逋欠之當理者，令三司本判官復察面辨之，遂絕其弊。」

技成無所用之」。

甲午一戰，敗得那麼慘，就把興洋務以來一切努力都付之東流了。這樣，才開始了第二步覺悟，知道我不如人，不僅在於甲之不堅，兵之不利，而且在於政治組織的不健全。康有為、梁啟超的維新運動，和孫中山、章太炎的同盟會革命運動，便代表了這第二步的覺悟，着手政治的逐步改造與徹底改革的工作。

到了辛亥革命成功以後，大家又有進一步的覺悟，知道我之不如人，也不僅由於政治組織不如人，而在於社會組織的不健全，以及建築在這一基礎上的教育、文化、藝術各方面的「落後」。這便是五四運動以後的社會文化運動，進而走上社會革命的階段。中間插上了「全盤西化」、「局部西化」、「中國本位」的種種看法與行動，這第三步所跨的步是很大的！

這種「我不如人」的心理，把以往「民族自尊」的偏見糾正過來了，卻又歪到「民族自卑」的牛角尖裏去了，中國士大夫群之又一部分，喝了啤酒，吃了大菜，覺得什麼都是「洋大人」的好，連着「巴掌的重量」與「天上的月亮」。這一「洋大人」的時間，從十九世紀後半期開起，有的地方，直到今天還是繼續着。

二二　大時代的脈搏

　　袁世凱死後，北洋派分崩離析；段祺瑞隱然成為一時的中心，立即引起馮國璋派的離心。直皖兩派的鬥爭，就把北洋派分裂為兩個核心。由此核心再演變下去，乃有奉直之爭、奉皖之爭；到了後來，曹錕系下的吳佩孚、馮玉祥也各自為政，自成為一系。

梁漱溟

　　西南方面，雲貴與四川之爭、桂粵之爭，四川內部的幾百次內戰演成劉湘、劉文輝的一家的戰鬥。至於國民黨內部孫中山與陳炯明之爭，國共兩黨之爭，一直就用「內戰」二字寫完了中華民國的歷史。

　　以南北軍閥內訌為骨子，反映在政治上，乃有復辟運動、護法運動、聯省自治運動，而以民國十五年的國民革命軍的北伐為一階段。串在這一段大動盪時期中，外來的勢力乃是最重要的因素，幾乎每一次內戰，其幕後都有着日本或其他國家的助力存在着。

　　而日本的侵略計劃、分裂中國的陰謀，更助長了中國內部的變亂。（梁啟超、蔡鍔的反帝制運動，即得日本的助力；而段祺瑞的政權，即由日本軍閥在支持。）一九一二年明治天皇去世，一九一四年歐戰發生。日本政治家大隈重信說：「優勝之國，常統治劣弱之國；鄙人深信二三百年之內，世界上將有治人之數大國，其餘皆受治於各該大國，服從其權力。如英、俄、德、法，皆可為治人之國也。自今伊始，日本應預備成為治人之國。」這就開始他們的大陸政策。

　　日本的大陸政策，「欲征服中國，必先征服滿蒙；欲征服世界，必先征服中國」。其見之於事實，乃有「五七」的二十一條的要求，乃有「九一八」的瀋陽事變，乃有「七七」與「八一三」的全面戰爭；一部現代中國史，幾乎可以說是抗日圖存的歷史呢！

　　梁漱溟先生，有一次在朝會中和學生們說：

　　　八十年來，中國這老社會為新環境所刺激壓迫，而落於不幸的命運，民族自救運動一起再起，都一次一次的先後失敗了。每一次都曾引動大家的熱心渴望，都曾漲到一時的高潮；但而今這高潮都沒落了，更看不見一個有力量的潮流，可以維繫多數的人心，而卻是到處充滿了灰心、喪氣、失望、絕望。

　　他所說的，是實話。這種失望的情緒，可以說是瀰漫於一般

智識分子群中。

十多年前，李劍農先生（他也是《甲寅》的一分子），寫了一部《近三十年來中國政治史》，最後他以沮喪語調說了類似的話。他在結論中，說了一件故事，那是他坐長江輪船往漢口所見的一件事實：長江輪船的鋪位是固定的，可是每一隻輪船所僱用的茶房，比鋪位多得多；而且，名為是僱用，誰也沒有工資可得，還得先付一筆保證金的（即按櫃）。這麼一來，吃虧的當然是旅客，他們儘可能在欺負客人，剝削客人，以至於無惡不作了。

這是中國官僚場的縮影，所謂「人浮於事」、「人情主義」，正是官僚政治必然產生的後果。

中國自西漢以來，一直便是儒家所建立的「官僚政治」與「紳士政治」，上則皇帝，下則老百姓，政治正落在官僚與紳士手中，一切政策，一切主義，到了他們手中立刻變了質，那是無可挽救的。民族自救運動所以終於失敗，便是這個原故。吳稚輝先生有一回論官僚的積痼不除，則溫和主義派的黃芪黨參湯不中用，到了結果，非讓革命家來一帖巴豆大黃湯不可，這就演進入於社會革命大時代了！

我們都是卷在狂風暴雨大時代中了。

梁啟超從歐洲回國，他就跟他的友生們介紹文藝復興運動；蔣百里編《歐洲文藝復興史》，梁氏也就說清代的三百年的經學，便是東方的文藝復興運動。而世人談現代啟蒙運動，也擬之於文藝復興運動。文藝復興運動者，乃是人性的自覺運動。李鴻章所

説的「三千年來未有之變局」，有如高山滾石，越滾越急，要轉出一個真正的大時代來了。

梁氏曾於《清代學術概論》（原為《歐洲文藝復興史》序文）引論中，說到時代思潮的演進——

　　凡時代思潮，無不由繼續的群眾運動而成。所謂運動者，非必有意識、有計劃、有組織，不能分為誰主動誰被動。其參加運動之人員，每各不相謀，各不相知；其從事運動時所任之職役，各各不同；所採之手段亦互異，同於一運動之下，往往分無數小支派，甚且相嫉視，相排擊。雖然，其中必有一種或數數種種共通觀念焉，同根據之為思想之出發點；此種觀念之勢力，初時本甚微弱，愈運動，則愈擴大，久之，則成為一種權威，若此，今之譯語，謂之流行，古之成語，則曰風氣；風氣者，一時的信仰也；人鮮敢攖之，亦不樂攖之，其性質幾比宗教矣。一思潮播為風氣，則其成熟之時也。

這可以説是對於「五四運動」最好的註解。

「啟蒙期者，對於舊思潮初起反動之期也；舊思潮經全盛之後，如果之極熟而致爛，如血之凝固而成淤，則反動不得不起；反動者，凡以求建設新思潮也；然建設必先之以破壞，故此期之重要人物，其精力皆用於破壞，而建設蓋有未遑。」所以「五四運動」的一連串口號，文學革命、文化革命、家庭革命、婦女革

命，都是破壞方面的能事。那麼，鬧哄哄的場面，正是革命的場面呢！

這場大革命的主要目標是什麼呢？陳獨秀就在答辯《新青年》的兩大罪狀時說：一個是「賽因斯」（科學），一個是「德莫克勒西」（民主）！「歐化」的旗幟，已經很鮮明了！

什麼叫做「革命」？要說得簡單明了，那也不容易。俄國有一個思想家，曾經做過答案。他說：「好人，壞人，不好不壞的人，死了一大堆，這就是革命。」事實上，也正是如此。「革命」，大概是免不了要流血的；昨天，送別人上斷頭台的人，到了明天，又被別人送上斷頭台去，這樣的例子史不絕書。那位法國大革命時期一手造成大恐怖時代的羅伯斯庇爾，到了結果，他自己也被送上斷頭台去的。

「法國大革命」，乃是一個被詛咒與被讚頌的大課題；不過當盧梭《民約論》、孟德斯鳩《法意》在法國貴族的客廳裏流轉的時候，他們並沒想到燒到身上來的火是燙人的；直到上斷頭台那一時刻恍然大悟，已經來不及了。連那位有名的羅蘭夫人，也是到上斷頭台去的途中才說：「自由，自由，天下之罪惡，借汝之名以行！」

其中，只有一位百科全書派的大師康道塞，也是倡導革命的先知，他是法國大革命初期的行動者，到了大恐怖時代，他也被拘囚，送上斷頭台去的。他在臨死的前夕遺言告國人，雖說他個人是在革命過程中犧牲了，他依舊相信社會是進步的，他是願意如耶穌那樣為人類的得救而釘上十字架去的。

《韓非子》曾經有過一個譬喻：一個痾痾的孩子，他非剃頭不可了；剃頭的時候，這孩子一定要哭呀叫呀，鬧個不休的！難道就因為他要叫要鬧，就不剃頭了嗎？大時代是在一般人所期待、所厭惡的當兒到來了！革命並不是一場浪漫的夢，得付出可怕的血的賬的！在血的面前，我們戰栗着！然而大時代畢竟拖着沉重的腳步到來了呢！

中國史學 A B C

導讀

大約在清末民初，史學史這門學科開始有人重視。

進入 20 世紀 20 年代，隨着史學獨立意識的突顯，體現學科意識和方法意識的史學史始受重視，朱希祖在北大史學系開設「史學史」課程，並撰寫《中國史學概論》講義。李大釗在北大史學系開設「史學思想史」課程，推動了史學史研究的揭幕。

1921 年秋，梁啟超在南開學校講授「歷史研究法」，其《過去之中國史學界》從史學的起源、歷代史學之消長等方面，梳理了「二千年來史學經過之大凡」，被認為是「近代最早的比較系統的中國史學簡史」。1927 年，梁啟超在清華學堂講授《中國歷史研究法補編》，專門列了《史學史的做法》一節，明確提出了研究中國史學史的想法與思路，認為「中國史學史，最少應對於下列各部分特別注意：一、史官；二、史家；三、史學的成立及發展；四、最近史學的趨勢」。

20 世紀 20 年代末，在上海暨南大學擔任教授的曹聚仁先生，開了「史學講座」的專題課。其時，徐蔚南先生正在主編一套「ABC 叢書」，就請曹先生把講義整理修改後，命名為《中國史學 ABC》收入叢書之中，於 1930 年出版。

全書共十章，第一至五章，記敘中國歷代史籍的內容，從第六章起，敘述中國史學的演進。著者認為，史學是一種新進的學

問，而重視社會演進及人類文化進步的史書，是近代史家正在努力的工作。書中關於中國史學的材料，除了引用古人著作之外，也介紹近人梁啟超、胡適、顧頡剛等的看法。這本書出版後，成為「ABC 叢書」中比較受歡迎的一種。

例言

一、本書有意儘量介紹關於中國史學上的常識，這個企圖，一半因為著者學識淺陋所限，一半因為關於這一部分的知識，以往罕有系統的敘述，畢竟不曾完全達到。不過本叢書的讀者，多半是現代青年，凡是過於專門的，或是未成熟的見解，著者總設法避開，以期符合介紹常識的目標。

二、「史學」當然和其他各國的「史學」一樣，要包括「史」的內容和「史學」的內容二部分；本書在第五章以上是記敘中國史籍的內容，第六章以下，才開始敘述中國「史學」的演進。至於「歷史哲學」，古代哲人雖有這樣的旨趣，事實上並無「歷史哲學」其書，所以撇過了不講。

三、「史學」是一種新進的學問，拋棄從前着眼政治的史書，而着手於注重全社會之演進及人類文化之進步的史書，也是近代史家正在努力的工作。本書雖然對於過去數十萬卷的史書，不曾表示相當的敬意，亦正惟愛之之深，希望中國史學界即有新史出來；所以對於讀者的期望較切，而對於戀舊者有些刺眼，也顧不得許多了。

四、關於中國「史學」的材料，前人如唐劉知幾、宋鄭樵、清崔述、章學誠諸史家的著作，近人如梁啟超、胡適、顧頡剛諸先生的著作，都有所採取，附識於此，以示不敢掠美。

編者

一九二九年十二月一日

第一章　緒論

史之起源－史臣與史館－史體之流變－史籍之類別－史學

歷史以史料組織而成，史料是人類過去思想和行為所留遺的陳跡，歷史便是記敘這些的書籍。人類的思想和行為，一面是織在社會生活的密網中間，一面在它的變遷過程一定有先後的因果關係可尋，所以在歷史中既要說明這個社會網的連鎖關係，又要說明這個社會進程中的因果關係。若進一步，再從歷史的本身上着眼，探究這個學術的原理，那便是「史學」。

中華民族自始即偏於意志的倫理的，對於宇宙根本問題，並不去探求，也不想念到前生來生的魂靈的事。正惟對於現實的興趣太濃一點，不知不覺養成懷古的心理，因此「史學」這一項特別發達。古代大學問家如老聃、孔丘、司馬遷等哲人都是大史家；《史記》便是一部包羅政治、經濟、天文、地理、文學、哲學的大書。歷朝修史，網羅一時學者參與其間，可說是大製作。所以「史學」自古即為一切學問的源泉，正如歐洲的學術都是出於哲學一樣。

不過中國的史籍雖多，拿新「史學」的眼光來測量，幾乎沒有一部史書足稱為「史」的；若承認中國學術源出於史，那就得換個標準來量度了。

史之起源

人類在最古最古的時候，已經有愛聽故事的嗜好，這個嗜好綿延到現在。在閑暇的時候，圍繞着縱談以前的經歷，一切戰鬥，一切恐怖，一切可歌可泣的掌故，談者津津有味，聽者娓娓忘倦，往古來今，都是如此。這個便是歷史的起源，再由口傳而筆之於文字，遂成為史篇了。

我們就已知的古代文明史看來，最古的史篇總是「史詩」。

荷馬的《依里亞特（Iliad）》（又譯作《伊利亚特》《伊利昂纪》等）與《奧特赛（Odyssey）》（又譯作《奧德賽》《奧德修斯》《俄底修斯》《尤利西斯》等），印度之梵歌「四吠陀」，可說是極有名的。在我們中國，固然有記載堯舜禹等古帝王事迹的史篇，可是《堯典》《皋陶謨》《禹貢》那些文字全由後人追述，不足為憑，比較可信的還是《詩經》三百篇中《商頌》《魯頌》那些詩篇。大概我們要知道更古的史蹟，玫古學者、人類學者會研究出更多的；其由古人自己來告訴我們，史詩總可說是最古的了。

史臣與史館

中國不僅在最古的時候已有史詩，即在最古的時候已有史官的制度。這亦是助長中國「史學」發達的一個原因。傳説中的黃帝史倉頡、沮誦、夏太史終古、商太史向摯，固未可盡信；最遲在殷周之間，已經有史官，那是無可疑的（據鐘鼎，甲骨文字皆

有太史之名，「史」字又象手執簡策之形）。周代史職，有大史、小史、內史、外史、左史、右史之名目，顯然是分科任職。最初的這些史官，負奉冊祝告及保存簡冊二種職務，地位是極崇高的。在王室之外，諸侯之國亦置史官。（殷周史官人名見於古書者，如夏太史終古、殷內史向摯，見《呂覽·先識》。周史佚，見《周書·世俘》《左·僖十五》《周語》（上），史扃，見《文選》注引《六韜》；太史辛甲，見《左·襄四》《晉語》《韓非·說林》；太史周任，見《論語》《左·隱六》；左史戎夫，見《周書》《史記》；史角，見《呂覽·當染》。史伯，見《鄭語》。內史過，見《左·莊三十二》《周語》（上）；內史叔興，見《左·僖十六、二十八》《周語》（上）。內史叔服，見《左·文元》；太史儋，見《史記·老子傳》；史大弢，見《莊子·則陽》。各國史官可考放者，魯有太史，見《左·昭十二》，鄭有太史，見《左·昭元》，齊有太史南史，見《左·襄二十五》，楚有左史，見《左·昭十二》《楚語》（上）；秦趙皆有御史，見《史記·廉藺傳》；薛有傳史，見《史記·孟嘗傳》：其人名可放者，如虢有史嚚，見《晉語》（二）；晉有史趙、董狐，見《左·襄三十》；楚有倚相，見《左·昭十二》；楚有史皇，見《左·定四》；趙有史墨，見《左·昭二十九》。他們以智識豐富，常兼為王侯公卿的高等顧問，地位亦極崇高。

秦漢以後，仍設太史一職（秦有太史令胡毋敬，漢武時，司馬談為太史）。並且「漢法，天下計書，先上太史，副上丞相」。太史還是參與國家重要政務的人員。漢宣帝時，「以其官（太史）

為令,行太史公文書,其修撰之職,以他官領之,于是太史之官唯知占候而已。」這是史官制度的第一次變遷。

新漢王莽時,「改置柱下五史,記疏言行。」這是史官制度的第二次變遷。東漢以後,經過魏晉南北朝以迄隋代,史官隸屬於秘書(魏明帝太和中,史官隸屬於中書)。這是史官制度的第三次變遷。

唐初,因隋舊制,史官屬秘書省著作局;貞觀三年,移史官於門下省,由宰相監修,修撰史事,以他官兼領。這是史官制度的第四次變遷。宋代「直館檢討無常員」,必要時別設史館。這是史官制度的第五次變遷。明清兩代,史官即翰苑諸臣,在平時並不負史料保存的專責,修史時則另有一個組織,亦不專屬於翰苑中人。這是史臣制度的第六次變遷。

不過史官制度雖有變遷,史臣必「妙選人才,以充其職」,自古至今,成為慣例,所以史官終是一種崇高的職位;他們的著述終成為學術中心,亦自古及今,不曾變遷過的。

史體之流變

《史通·六家篇》分諸史為尚書、春秋、左傳、國語、史記、漢書等六家,其實尚書是一種檔案,算不得一家;《春秋》《左傳》同是編年,同是紀傳,只能算做二家,國語是國別史,只是範圍上的不同,並非體裁上的不同,也算不得一家;所以他自己還是把二體篇緊接在六家篇之後。編年體比紀傳體產生得更早,

如《春秋》《竹書紀年》之流，雖不是完善的編年史，體例總是相同的。司馬遷首創紀傳體（其中有一部分是依據《世本》的），中國才有以人物為中心的史書。班固以朝代為斷限，開斷代史之先例，歷代的正史都是這一類的史書。東漢荀悅撮漢書之要，依年月成漢紀一書，重興編年的史體，編年史乃與紀傳史並稱；直到宋司馬光的《資治通鑑》出來，編年史的規模才完全大定。在唐宋兩代中，有杜佑的《通典》，有袁樞的《通鑑紀事本末》，後一種是以事為中心的史體，和編年、紀傳可以鼎立為三；前一種是制度史，專重典章制度，亦是史體漸趨專門的表徵。元明以後，譜諜方志漸漸發達，史體不僅趨於專門，而且趨向於部分的精究。清初，黃梨洲完成他的《明儒學案》，便是一部極完善的學術史出來了。

史籍之類別

《隋書‧經籍志》著錄史部典籍共 817 部，13264 卷；《宋史‧藝文志》著錄史部典籍共 2147 部，43109 卷，其間已增多到三倍之多。《明史‧藝文志》專載明代的史書，有 1316 部，30051 卷之多，其數更為可驚。大概中國史書，自古已多，近代增加得更多；若能完全保存，至少在數十萬卷以上（《四庫書目》雖僅著錄十分之二三，已有 2174 部，37049 卷之多）。這許多史書，依舊時分類，大概如下（見《四庫書目》）：

史部	正史	
	編年	
	紀事本末	
	別史	
	雜史	
	詔令奏議	詔令
		奏議
	傳記	聖賢
		名人
		總錄
		雜錄
		別錄
	史鈔	
	載記	
	時令	
	地理	總志
		都會郡縣
		河渠
		邊防
		山川
		古迹
		雜記
		遊記
		外記
	職官	官制
		官箴
	政書	通制
		典禮
		邦計
		軍政
		法令
		考工
	目錄	經籍
		金石

其實，這些史書中有一部分是史料（如《尚書》《東觀奏記》之類），一部分是地志（如《元和郡縣志》之類），一部分是註釋（如《禹貢圖考》之類），和史書只有連帶的關係，而正式的史書，應當從史書中剔開。其餘那些史書，可從它的性質分為三類：

通史	a. 紀傳史 —如司馬遷《史記》鄭樵《通志》之類	
	b. 編年史 —如司馬光《資治通鑑》、畢沅《續資治通鑑》之類	
	c. 紀事本末史 —如袁樞《通鑑紀事本末》之類	
專史	a. 專治一時代的（斷代史）	1. 紀傳史 —如班固《前漢書》、范曄《後漢書》之類
		2. 編年史 —如荀悅《前漢紀》、袁宏《後漢紀》之類
		2. 紀事本末史 —如陳邦瞻《宋史紀事本末》之類
	b. 專治一部分	1. 制度史 —如杜佑《通典》、馬端臨《文獻通考》之類
		2. 學術史 —如黃梨洲《明儒學案》《宋元學案》之類

c. 專治一人或一地的	1. 傳記或年譜 —如胡仔《孔子編年》、孫詒讓《墨子年表》、王懋竑《朱子年譜》之類	
	2. 方志 —如左丘《國語》、章學誠《和州志》、謝蘊山《廣西通志》之類	
a. 史理 —如劉知幾《史通》、章學誠《文史通義》之類		
b. 史評 —如錢大昕《廿二史考異》、王鳴盛《十七史商榷》、趙翼《廿二史劄記》、崔述《考信錄》之類		
c. 史論 —如呂祖謙《東萊博議》、王夫之《讀通鑑論》之類		

史學

司馬遷《報任少卿書》，說他所以作《史記》，是要「考之行事，稽其成敗興壞之理，……欲究天人之際，通古今之變，成一家之言」。這是很明白地訴說他是在建設一種歷史哲學。

古代哲人要建設歷史哲學的，不僅司馬遷一人而已，那些遵春秋之義從事褒貶的史家，其意亦在表現他的歷史哲學。歐陽修

作《新五代史》，自謂：「昔孔子作春秋，因亂世而立法，余為本紀，以治法而正亂」，便是這個用意。大概中國那些史家，自始至終為「褒貶」二字的圈子所套住，直到清末，才失掉它的權威。也因為這個緣故，「史學」的本身進步得非常遲緩。

從史的組織上着眼而建設一種史學的，始於唐劉知幾的《史通》；其後宋鄭樵作《通志》，對於史的本身有所討論，知道「凡說春秋者，皆謂孔子寓褒貶於一字之間，以陰中時人，使人不可曉解。」「三傳唱之於前，諸儒從之於後，盡推已意而誣以聖人之意，此之謂欺人之學」。史學漸有獨張一幟的希望。清初，經過浙東那些史學家的努力，「史學」始基礎穩固，直到章學誠的《文史通義》出來，中國的的「史學」也大致完成了。

最近，歐洲的文化西來，史學界也跟着一新面目，梁啟超的《中國歷史研究法》，可說是新史學的先聲罷！

第二章　古史

時間線上的「過去」本是無窮盡的，過去的歷史也是無窮盡的；關於遠古的史蹟，越往上推，印象越模糊。其實不必遠古，在孔子時代要講商殷之禮，已經「文獻不足徵」，何況在後世？不過現代的情形比較的不相同，近二三十年中地下證據相繼發見，孔子所不能徵實的古史，我們還有法子去徵實他。至就古代遺留到現在的史書而論，則當從史詩講起，地下證據所已發見的，只有可作史料用的材料，還沒有比史詩更早的史書。

史詩

中國是否有過像荷馬《依里亞特》一類的史詩？這是文學史家所引為爭論的題材。而《詩經》的大雅、周頌、商頌、魯頌中記述祖先功德的詩篇，記述東征西討戰功的詩篇，其性質和荷馬史詩相同，則又為文學史家所共同承認的，那我們歸之於史詩類中，原無不可之理。《詩經》本是中國古代北方詩歌的總集，這些類乎史詩的「雅」「頌」，大概因為用於「宗廟」而保存下來。

依詩中史事的時代講，商頌最早，大雅、周頌次之，魯頌最遲。魯頌《閟宮》一詩，頌揚魯侯「遂荒大東，至於海邦；淮夷來同，莫不率從」的功業，還是春秋之世齊桓公稱霸時候的事蹟，和商頌《長發》詩中頌揚「受小共大共，受小球大球」的事蹟，相差至少在五百年以上。

　　依詩的內容而論，周頌和大雅比較，複雜得多；如《生民》篇稱「厥初生民，時維姜嫄。……履帝武敏歆，……載震載夙，載生載育，時維后稷」，頗有神話意味。《公劉》篇稱「篤公劉，匪居匪康，迺埸迺疆，于橐于囊。干戈戚揚，爰方啟行。篤公劉，于豳斯館，涉渭為亂。取厲取鍛，止基取理」。《六月》篇稱「玁狁匪茹，整居焦穫。侵鎬及方，至於涇陽。薄伐玁狁，至於太原。文武吉甫，萬邦為憲」。也頗有《依里亞特》敍戰事意味。這一類史詩，篇幅雖少，以史料的價值論卻可以算是第一等的。

《尚書》

　　在經籍中，有所謂《尚書》的，其中有《堯典》《禹貢》等篇記載堯舜禹等古帝王的史事，依時代講，的確比雅、頌所記載的早得多。但就那幾篇文字來看，怕是東周時人所追述的頌揚文字，未必是堯舜當時的史篇。其中《湯誓》《盤庚》以下，大概都是當時的朝章政令。

　　劉知幾說：「所以宣王道之正義，發話言於臣下，故其所載，皆典謨訓誥之文。」這話是不錯的。把他的話再引伸出來，也便

是錢玄同所謂「書似乎是三代時候底文件類編；凡春秋或戰國時人所引夏志周書等等，和現在所謂《逸周書》者，都是這一類的東西。既無成書，亦無所謂完全或殘缺」。

這部書，現在通行本共有 58 篇，除了東晉梅賾偽造《大禹謨》《五子之歌》等 25 篇全無史的價值而外，《堯典》《臬陶謨》《禹貢》《甘誓》在眞偽參半之間，只有《盤庚》《高宗》《肜日》《西伯》《戡黎》《微子》以及《康王之誥》等篇，是殷周間的史料，可以和《詩經》相互參證。所以這部書時代雖古，價值並不怎樣高。

《春秋》

把《春秋》的價值捧得天樣高的，最早有戰國時候的孟軻，他一則曰：「詩亡然後《春秋》作」，再則曰「孔子作《春秋》而亂臣賊子懼」，好像孔丘作春秋，眞是「筆則筆，削則削，由、夏不能贊一辭」的。現在就《春秋》本身去看，倒是王安石「斷爛朝報」的考語來得切當，梁啟超說它像「流水賬簿」，也譬況得不錯。大概《春秋》原是魯史舊籍，並未經孔丘特筆（《論語》中也無孔丘作春秋的明文），既無組織，又未剪裁，任意斷自某年，皆成起訖。並且「記它國之事，必憑來者之言，而來者所言，多非其實，皆承其所說而書，遂使眞偽莫分，是非相亂」。其於本國，「事無大小，苟涉嫌疑，動稱恥諱」，可見和褒貶大義絕無關係。

自從有了《公羊傳》，又有了董仲舒的《春秋繁露》，再加以何休《公羊解詁》，於是「非常異義可怪之論」愈加愈多了。

《左傳》《國語》

《左傳》，本是戰國時代一個文學家編的一部國別史，即是《國語》，其書與《春秋》絕無關係；到了劉歆，將它改編，加上什麼「五十凡」這類鬼話，算做春秋底傳，而將用不着的部分仍留作《國語》（康有為語）。這部書信實的價值，和《三國演義》差不多；但漢以前最有價值的歷史不能不推它。

它這書有三個特色：「第一，不以一國為中心點，而將當時數個主要的文化國平均敍述。第二，其敍述不局於政治，常涉及全社會之各方面。對於一時典章與大事，固多詳敍，而所謂瑣語之一類，亦採擇不遺。故能寫出當時社會之活態，予吾儕以頗明瞭之印象。第三，其敍有系統，有別裁，確成為一種組織體的著述。對於重大問題，時復遡原竟委，前後照應，能使讀者相悅以解。」（梁啟超語）。

我們要推尊古史，這部書還值得推尊。《左傳》的作者，據《史記·十二諸侯年表》及《漢書·藝文志》，說他姓左名丘明，但據太史公自序謂「左丘失明，厥有國語」，則其人名並非名丘明。依事攷實，後一說較為可靠。至於左丘的時代，依《左傳》《國語》所載的史事看去，大概是戰國初期，其書亦必成於田氏伐齊、三家分晉、韓滅鄭以後。前人一定要說他是孔子的弟子，

怕不十分可信。

西漢時，「今文學」盛行，三傳惟《公羊》《穀梁》列入學官。東漢以後，「古文學」盛行，《左傳》的地位永遠在《公羊傳》之上。我們撇開「今古文」的成見，專就史的立場看，自然《左傳》的價值，不僅在《公羊》《穀梁》之上，而且還在《春秋》之上呢！

歷代研究《左傳》的極多，以研究方法論，以清代顧棟高的《春秋大事表》為最精當。

他首先定若干門類為自己研究範圍，再將全書拆散，擷取各部分材料以供自己駕馭，可以說是善於屬辭比事。這個方法，我們可以用之駕馭其他各史。至如馬驌《左傳事緯》、高士奇《左傳記事本末》，皆仿袁樞治通鑑之例，以一事為起訖，亦是治《左傳》之一法。不過我們在現在治《左傳》，應該注意於當時全社會的共同現象才行。

《公羊》與《穀梁》

《公羊》《穀梁》《左氏》合稱「春秋三傳」，《公羊》與《左氏》曾經有過一段爭勝的歷史，《公羊》與《穀梁》也有過一段爭勝的事實。按《漢書·儒林傳》：「瑕邱江公受《穀梁春秋》及《詩》於魯申公，傳子至孫為博士。武帝時，江公與董仲舒並，仲舒通五經，能持論，善屬文，江公訥於口，上使與仲舒議，不如仲舒；而丞相公孫宏本為公羊學，比輯其議，卒用董生；於是上因尊公羊家，詔太子受《公羊春秋》，由是公羊大興。太子既通，

復私問《穀梁》而善之。其後寢微；宣帝即位，聞衛太子好《穀梁春秋》，以問丞相韋賢、長信少府夏侯勝及侍中樂陵侯史高，皆魯人也，言穀梁子本魯學，公羊氏乃齊學也，宜興《穀梁》，由是穀梁之學大盛。」這是《公羊》《穀梁》在西漢爭勝的情形。

漢宣帝時，《穀梁》曾列入學官；而後漢十四博士止有《公羊》嚴、顏二家而無《穀梁》，可見《穀梁》雖暫立於宣帝時，其後即廢。鄭樵謂「儒林傳」學《公羊》的有九家，而以《穀梁》名家的竟無一人，可見《穀梁》師說久已衰微了。大概《穀梁傳》義不及《公羊》之大，事不及《左氏》之詳，所以公羊盛行於西漢，《左氏》盛行於東漢以後，其間竟沒有《穀梁》的地位了。

《公》《穀》二傳，所注重的在所謂孔丘作春秋的微言大義，其意在建設一種政治哲學，和「史學」沒有什麼大關係（《公羊》之義，首重三科：一曰張三世，二曰存三統，三曰異內外。《穀梁》之義，在「正名」，所謂修其辭以明其義）。不過三傳書事，互有出入（《左氏》又經過一番竄亂），如要用以為上古史的史料，須得相互參證以求其真的。

《世本》

《漢書·藝文志》著錄《世本》15篇，原注說是古史官記黃帝以來迄春秋時諸侯大夫之書。這書是司馬遷《史記》的藍本，可惜宋以後，原書已亡佚了（清茆泮林、張澍各有輯本，頗精審）。

現在據各書所引，知道其中篇目有帝系，有世家，有傳，有譜，有氏姓篇，有居篇，有作篇。帝系、世家已具後來本紀、世家的雛形，傳的性質同於列傳，譜的性質同於年表，氏姓與居、作諸篇的性質同於八書，頗似一部有組織的史書。

梁啟超從篇目批評此書，謂有兩特點：「其一、開後此分析的綜合的研究的端緒，彼能將史料縱切橫斷，分別部居，俾讀者得所比較以資推論。其二、特注重於社會的事項，前史純以政治為中心，彼乃詳及氏姓、居、作等事，已頗具文化史的性質。」這話是說得不錯的。

《戰國策》

《漢書‧藝文志》以《戰國策》與《史記》為一類，歷代史志都依此例；自從晁公武《讀書志》改入子部縱橫家，《文獻通志》依此例亦入子部。按班固稱司馬遷據《左氏》《國語》採《世本》《戰國策》，可見《戰國策》必係史類無疑。

此書或曰《國策》，或曰《短長》，或曰《事語》，或曰《長書》，或曰《修書》。漢劉向編理此書，會合諸國之記，批比成帙；所謂三十三篇，並不是本來面目。戰國這二百餘年間的史料，自古即已殘缺，這部總算是可供參考的史料。

第三章　紀傳諸史

紀傳史體例－司馬遷與《史記》－班固與斷代史－魏晉南北朝諸史家－唐後設局修史之弊－新五代史與明史

紀傳史體例

紀傳史是一種以人物為中心的史書，史家常級之與編年體並稱。古史中，《世本》一書以帝系、世家、氏姓敍述王侯及各貴族之系牒，以傳記、名人、事狀，以居篇彙紀王侯國邑之宅都，以作篇紀各事物之起原，已具記傳史的雛形。

直到司馬遷作《史記》，紀傳史的規模始告完成。自從《史記》成十二紀以序帝系，十年表以貫歲月，八書以紀政事，三十世家以敍公侯，七十列傳以志士庶，後世史家從沒有人出過這個範圍。「書」之名，各史改稱「志」，《五代史》改稱「考」；「世家」之名，《晉書》改稱「載記」。名目稍有不同，內容還是一致的。

即就先後次序論，《漢書》和《史記》完全相同。《晉書》的「載記」，《五代史》的「世家」，附在末尾，其意以為僭偽諸國，不便居「傳」前，並非立意和《史記》相異。其他如《新唐書》、宋遼金元諸史先「志」後「表」，魏收《北魏書》改「志」居「傳」

後，只是大同小異而已。

不過司馬遷《史記》，在他本身是一部極貫串連絡的著作，「本紀」「年表」是一個縱的系統，「世家」「列傳」是一個橫的系統，再加以以事為中心的「書」，包含着「紀傳」「編年」「紀事本末」三種體裁。可惜後來史家，只知偏重「政治」及「英雄」，把史的意義喪失掉了！至於紀傳這個體例的短長，唐代史學家劉知幾在《史通》曾有批評，謂「《史記》者，『紀』以包舉大端，『傳』以委曲細事，『表』以譜列年爵，『志』以總括遺漏，逮以天文、地理、國典、朝章，顯隱必該，洪纖靡失，此其所以為長也。若乃同為一事，分在數篇，斷續相離，前後屢出。又編次同類，不求年月，後生而擢居首帙，先輩而抑歸末章，此其所以為短也。」這是頗恰當的批評。

司馬遷與《史記》

司馬遷字子長，左馮翊夏陽人。生於漢景帝五年，大約卒於漢武帝末年（公曆前一四五年至前九〇年前後）。父談。學天官於唐都，受易於楊何，習道論於黃子，遷皆傳其學。遷又從孔安國治《尚書》，聞《春秋》於董仲舒。

他生平最喜遊歷，足跡遍天下：「二十而南遊江淮，上會稽，探禹穴，窺九疑，浮於沅、湘；北涉汶、泗，講業齊、魯之都，觀孔子之遺風，鄉射鄒、嶧，厄困鄱、薛、彭城，過梁楚以歸。……舉使西征巴蜀以南，南略邛、笮、昆明。」（《太史公自

序》）依照漢代版圖看來，除了朝鮮、河西、嶺南諸新開郡外，差不多都遊歷過了。

他繼承其父談為太史令，奉詔修太初曆。從發議到頒定，都由他一力主持。修曆事畢，從事作史；史未成，因上書救李陵獲罪下蠶室。太始初年，「復為中書令，尊崇任事。」他的卒年無可考，大約與漢武帝相始終的（王國維所著《太史公繫年考略》記載甚詳確）。

司馬遷和他所著的《史記》，共成為史學界不朽的名詞，固由於他所發靷的紀傳體成為史的正宗，也由於《史記》本身的偉大和司馬遷治史的忠勤。從《春秋》以後，諸侯各國的史籍以及私人的著述雖已很多，其間還沒有一種綜合的著作。《史記》「網羅天下放失舊聞，略推三代，錄秦漢，上計軒轅，下至漢武」，貫串了三千餘年的史蹟；其所取史料，「觀《春秋》《國語》，採於詩書，讀秦記，究觀方士祠官之言，讀牒記，稽其曆譜，讀《司馬兵法》《孫子》十三篇、《孟子》《商君書》《離騷》《陸生新語》。」可說是極廣博的容納。

在這一書中，舉其時所及知之人類全體自有文化以來數千年之總活動，冶為一爐，以歷史為整個渾一的、為永久相續的，不僅將朝政、國憲說得很詳細，即社會生活也有相當的記載（《刺客》《貨殖》等傳便是千古傳誦的名著）。鄭樵謂：「自《春秋》後，惟《史記》擅製作之規模。」並非過譽。

司馬遷的祖先，世為周史官，他的父親司馬談為漢太史官，他的地位最便利於作史；但他作《史記》，不僅憑藉舊聞，還以

親見親聞的來補記載之不足，可說是忠於事實。我們就《漢書·藝文志》，知道史書還僅附於《六藝略》《春秋》家之末，而《隋書·經籍志》中，史部著錄多至 16585 卷，史學成為極盛時代；可見司馬遷開山剏業，為後人定了規模，其功不可沒——並且司馬遷作《史記》，「欲以究天人之際，通古今之變，成一家之言。」其意在建設一種歷史哲學；於歷史以外，還有一個崇高的意義，值得我們去體味的。

　　《史記》或稱《太史公書》（《漢書·宣元六王傳》或稱《太史公記》（《漢書·楊惲傳》），或稱《太史記》（《風俗通》），直到魏晉之間，才用這個「史記」的名詞。全書 130 篇，其中有十篇有錄無書，大概是司馬遷的生前並不曾寫成的。現存的《史記》，其中有後人補作的，《漢書·司馬遷傳》顏注引張晏曰：「亡景記、武記、禮書傳，元成之間，褚先生補缺，作武帝記、三王世家、日者、龜策列傳、言辭鄙陋，非遷本意也。」可見一部分是褚先生補的。又劉知幾《史通·正史篇》謂：「《史記》所書，止漢武太初，已後闕而不錄。其後劉向，向子歆，及諸好事者若馮商、衛衡、揚雄、史岑、梁審、肆仁、晉馮、段肅、金丹、馮衍、韋融、蕭奮、劉恂等，相次撰續，迄於哀、平間，猶名史記。」可見西漢東漢之交，續史記的有一二十家之多。其他亦有經後人故意竄亂的，康有為《新學偽經考》、崔適《史記探原》都有詳細的考證，謂：「劉歆典中秘書，彼之所改，自稱定本。」大概《史記》中關於漢事的記載，應以元狩元年以前為斷，以後的記載，決不是司馬遷的原作了。

班固與斷代史

斷代史是一種以一朝一代為斷限的紀傳史，創始於班固《前漢書》，形式上算是楲司馬遷的紀傳史，精神上實已和司馬遷想背馳。《史記》是一部上下三千年的通史，並不強分時代，將活動的史蹟一段一段截開。《漢書》以下，斷代為史，便把活動的史蹟割斷了。史蹟如流水，斬之不斷；近人強分為古代、中代、近代，還找不到正確的標準，他們以一代興亡為標準，更從何分起？所以斷代史原是要不得的。關於這一點，南寧史家鄭樵批評得極好：

> 善學司馬遷者莫如班彪。彪續遷書，自孝武至於後漢，欲令人之續己，如己之續遷；既無衍文，又無絕緒；世世相承，如出一手。自班固以斷代為史，無復相因之義，前王不列於後王，後事不接於前事；郡縣各為區域而昧遷革之源，禮樂自為更張，遂成殊俗之政；會通之道，自此失矣。

誰知這種極不合理的史體，因為合歷代帝王的口味，流傳非常久長，所謂正史全是用這個體裁呢！（唐代史家劉知幾却推尊這種體裁，謂其「包舉一代，撰成一書，學者尋討，易為其功。」那是從編次便利上着想，把史的目標反攔開了。

班固，漢扶風安陵人。他的父親班彪，「才高而好述作，遂專心史籍之間。武帝時，司馬遷著《史記》，自太初以後，闕而不錄，後好事者頗或綴集時事，然多鄙俗，不足以踵繼其書。彪乃繼採前

史遺事,旁貫異聞,作後傳數十篇。」(《後漢書‧班彪傳》)

　　父彪卒,固以彪所續前史未詳,乃潛精研思,欲就其業。既而有人上書顯宗,告固私改作國史者,有詔下郡,收固繫京兆獄,盡取其家書。……固弟超恐固不能自明,乃馳詣闕上書,得召見,具言固所著述意,而郡亦上其書。顯宗甚奇之,召詣校書部,除蘭台令史,與前睢陽令陳宗、長陵令尹敏、司隸從事孟异共成《世祖本紀》。……又撰功臣、平林、新市、公孫述事,作列傳二十八篇奏之。帝乃復使終成前所著書。……乃探撰前記,經緯所聞,以為《漢書》。起元高祖,終于孝平王莽之誅,十有二世,二百三十年。(《後漢書‧班固傳》)

　　我們就史的立場看,班固的《漢書》是斷代史,原不值得去讚揚。而就《漢書》的本身看,條例雖不精密,記載雖有疏密,畢竟是一部有價值的史書。班固「博貫載籍,學無常師,寬和容眾,不以材能高人」,在當時已是「望重一時」,他的史筆,「文贍而事詳,序事不激詭,不抑抗,贍而不穢,詳而有體,使讀之者亹亹而不厭」,在斷代史中,所以成為「不祧之祖」[1]。

1　不祧(tiāo)之祖:古代帝王家廟中祖先的神主,輩分遠的要依次遷放到祧廟進行合祭,只有始祖或對後代影響較大的祖宗永遠不遷,因此叫「不祧」。不祧之祖即指不遷放到祧廟的祖先,後也用於比喻創立某種事業而永遠受到尊崇的人,或對後世有重大影響而不可廢除的事物。

《漢書》共百二十卷，內分十二帝紀、八年表、十本志，七十列傳。武帝以前的紀傳表，多用《史記》原文；班固所做的，不過昭、宣、元、成、哀、平、王莽七朝，而班固「自永平始受詔，積二十餘年，至建初中乃成，是固成此書，已二十餘年。其八表及天文志尚未就而固已卒，和帝又詔其妹昭，就東觀藏書閣踵成之。《漢書》始出，多未能通，馬融從昭受讀，後又詔融續成之。」（《廿二史劄記》）。可見這部書前後經過四人之手，又經過三四十年的長期，著述的成就真是不容易呀！

魏晉南北朝諸史家

自班固剙斷代史之例，以後的史家大都在這個圈套裏討生活，不過魏晉南北朝間的史家有志於著述，雖身為史官，還算得一家之言。范曄《後漢書》、陳壽《三國志》，一向與馬班史漢並稱，是極有價值的史書；其後，沈約《宋書》、蕭子顯《南齊書》也還有相當的價值；即唐初李延壽《南北史》亦為歷代史學界所推重。

《後漢書》的纂修，在東漢時已有人着筆。劉珍、李尤所作的紀、表、名臣、節士、儒林、外戚諸傳，伏無忌、黃景所作的表、傳、志，邊韶、崔實、朱穆、曹壽所作的《漢記》，蔡邕所續的朝會、車服二志，楊彪所著的先賢表，都是後來漢史的張本。晉初司馬彪「討論衆書，綴其所聞，起元光武，終於孝獻，為紀、志、傳，凡八十篇，號曰《續漢書》」。華嶠「刪定《東

觀紀》為《漢後書》，總 97 篇，其十典竟不成而卒」。都是從事
纂輯漢史的人。東晉以後，典籍散佚，宋宣城太守范曄「廣集學
徒，窮覽舊籍，刪煩補略，作《後漢書》，凡十紀、十志、八十
列傳，合為百篇。會曄以罪被收，其十志亦未成而死」。《後漢
書》總算在他的手中完成了。

《三國志》集成於晉陳壽之手，凡 65 篇。在他以前，王沈曾
纂過《魏書》44 卷，魚豢亦撰過《魏史》，韋曜曾纂過《吳書》
55 卷；和他先後的，夏侯湛著過《魏書》，王隱撰過《蜀記》，
張勃撰過《吳錄》，關於三國的史實，「異聞錯出，其流最多」。
直到宋文帝以「國志載事，傷於簡略，命裴松之兼採衆書，補注
其闕」，《三國志》才算得完備。

陳壽是當時最傑出的史家，善於序事，編纂《三國志》得，
已極詳慎，裴松之的注，「引諸家之論以辨是非，參諸書之說以
核誤異，傳所有之事詳其委曲，傳所無之事補其闕佚，傳所有之
人詳其生平，傳所無之人附以同類」，網羅繁富，考訂精詳，更
是其他史注所不及的。

《宋書》凡百卷，沈約自序稱「於齊武帝永明五年春，被勅
撰《宋書》，至六年二月，紀傳畢功，表上之」，先後不過一年
多。這麼多的篇幅，為什麼纂修得這麼快？因為《宋書》，在宋
元嘉中何承天已草創紀傳；其後山謙之、裴松之、蘇寶生都曾繼
續纂修；大明六年，徐爰又曾寫成全書。梁沈約不過補綴所遺製
成新史而已。

《宋書》的特長在八志，八志之中，符瑞志實是疣贅，州郡

志亦甚疏略，至於禮志合郊祀、祭祀、朝會、輿服總為一門以省枝節，樂志詳述八音樂器及鼓吹、鐃歌諸樂章以存義訓，體例的適當，為前史所不及。

《南齊書》，江淹曾做過十志，沈約也做過《齊紀》二十篇在前；梁蕭子顯再接着將全書寫成，共 59 卷。《齊書》的紀敍比《宋書》簡淨，如《劉善明傳》隱括所陳十事，非常得當；《孝義傳》用類敍法，尤為得法。史家作史傳人，若必人名立傳，則傳不勝傳，不為立傳，又不免遺漏，每傳類敍數人，是一個最適當的辦法。《南齊書》以後，惟《明史》中用得最多。

南北朝諸國史書，除上述二種成於南北朝時史家之手，其他只有《北魏書》成於北齊魏收之手。魏收此書，記述多不公平，時論號為「穢史」，後人也絕不把它看重。倒是李延壽的《南北史》，雖成於唐代，論者常以之與四史並稱，以為《史》《漢》《三國》以後，只有《南北史》和《新五代史》還有相當的價值。

《南北史》原委，見於李延壽自序。其父大師「少有著述之志，以宋、齊、梁、陳、魏、周、隋南北分隔，南謂北為索虜，北謂南為島夷，其史皆詳於本國而略於他國，欲彷《吳越春秋》編年紀之；客於侍中楊恭仁家，有宋、齊、梁、魏四代史，因漸次編輯，未畢而沒」。延壽繼承先志，適在顏師古、孔穎達下佐修名中，因得齊、梁、陳等五代舊事，合之家中舊本，再加參訂編次。

唐貞觀十五年，令狐德棻奏薦延壽同修《晉書》，因得入內府勘究宋、齊、魏三代之事。十七年，褚遂良又奏薦延壽佐修

《隋書》，又有機會讓他去披尋校勘。他於正史外，曾參攷雜史
一千餘卷，前後十六年然後成書，「刪去蕪詞，專敍實事，事多
而文省，洵稱良史。」

唐後設局修史之弊

設局修史，始於唐代，這是一個最壞的制度。萬斯同說：

> 治史者，譬如入人之室，始而周其堂寢、匽溷[1]，繼而
> 知其蓄產、禮俗，久之，其男女少長、性質剛柔、輕重賢
> 愚無不習察，然後可制其家之事。官修之史，倉卒而成于
> 眾人，不暇擇其材之宜與事之習，是猶招市人而與謀室中
> 之事也。

這話批評得極好。史書在私撰的時候，材料容或不周全，精
神自能始終一貫。一到設局修史，「史官記注，取稟監修，一國
三公，適從何在？」所有從事修史的人，誰也不能負責。加之對
於本朝要有忌諱，用賄賂可變更史實，不僅精神上不統一，史事
的眞實就也完全動搖；所以唐代以後，官修的史雖多，「著作之
業等於奉公，」幾乎沒有一種是有價值的了（《新五代史》成於
歐陽修之手，明史有明末遺老幫忙，又作別論）。

1　匽溷（yàn bì）：儲有污水的廁所和浴室。

唐代設局所修的，有房喬等所撰的《晉書》（《晉書》以臧榮緒本為主，兼採諸家成之），姚思廉等所撰的《陳書》（思廉父察嘗修梁、陳二史，未成，以屬思廉，後受詔與魏徵共撰，思廉採謝炅、顧野王等諸書，綜括為二史以卒父業。）李百藥所撰的《北齊書》（百藥父德林在齊嘗撰著紀傳；貞觀初，詔分修諸史，百藥因父書續成以獻），令狐德棻等所撰的《周書》（隋牛宏追撰《周紀》18篇，略敍紀綱，令狐德棻等共加修輯，定為《周書》50卷），魏徵等所撰的《隋書》（隋王邵曾為《隋書》80卷，以類相從。王青等曾修《大業起居注》。唐貞觀中，始詔顏師古、孔穎達共成《隋書》55卷）。

《唐書》有新舊兩種，《舊唐書》成於五代石晉時，係劉昫、張昭遠等所撰（因韋述舊史增損以成）。《新唐書》成於宋仁宗時，係歐陽修、宋祁等所撰（歐陽修撰紀、志，宋祁撰列傳）。兩書不分優劣，「瑕瑜不掩，互有短長」。

《五代史》亦新舊兩種，《舊五代史》成於宋太祖時，係薛居正等所撰。《新五代史》係歐陽修私撰，大旨以春秋書法為宗，在史書中比較有價值（後詳）。

宋遼金史成於元代，係托克托等所修（托克托係大總裁，鐵睦爾達世、賀惟一、張起巖、歐陽元四人總裁三史，呂思誠總裁《遼史》，揭傒斯總裁遼、金二史，李好文、王沂、楊宗瑞總裁宋、金二史。三史均有舊本，托克托等不過纂輯以成書）。三史卷帙繁多，時日却極迫促，所以非常疏漏蕪雜。

《新五代史》與《明史》

《新五代史》原名《五代史記》，原是歐陽修私撰的史書。他以薛居正史繁猥失實，重加修定。

他修定的時候，雖以「薛史」為藍本，還是依靠他自己的採證。那時，各朝實錄具在，宋初又多記載五代事的記錄，如范質《通鑑》、王溥《五代會要》、王子融《唐餘錄》、鄭向《開皇紀》都是很好的憑籍。他博採群言，旁參互證，事實年月亦多與舊史不同。卷帙雖不及「薛史」之半，而「文直事核」，的確為「薛史」所不及。

不過歐氏作此史，不但學《史記》，還自負仿法《春秋》褒貶微意。在我們看來，他的史筆極有可取，却是這個褒貶筆法反而使他陷為「迂妄鄙陋」的了！

清初開館修明史，自康熙十八年開館，至乾隆四年成書，凡經 64 年，其中大部分是康熙五十年以前所成。關於此書的編纂，最主要人物為萬斯同（後詳）。而黃宗羲、顧炎武對於義例皆有所商榷。

最初主持大政的是葉訒庵、徐乾學兄弟，頗能網羅人才，一時績學能文之士，如朱竹垞、毛西河、潘次耕等都在纂修之列，或間接參定。這部書敍事翔實，為前史所不及。可惜萬斯同的史稿，經過王鴻緒幾次竄改，已非「廬山眞面目」了。

第四章　編年諸史

編年史體例

　　編年史是一種「繫日月而為次」的史書，和紀傳史相比，紀傳史是橫的敍述，而編年史則為縱的紀敍；史體本是不可分割的整個，縱的和橫的正所以表現這個整個的本相。劉知幾說：「班（紀傳）、荀（編年）二體，角力爭先，各有其美，並行於世」，這話是不錯的。

　　歷來講編年體，都以《左氏傳》為宗。左丘是否於《國語》以外，還有《左傳》一書？經過「今文學」家的發覆（見前），已成為疑案；因此講編年史是否要宗《左氏傳》，亦成為一疑案。不過魯史《春秋》以事繫日，以日繫月，原是編年體的史書。汲冢所發見的《璅語》，記太丁時事，目為夏殷春秋；又案《竹書紀年》（亦係汲冢中所發見，共十一篇，原本今佚），所紀之事與魯《春秋》相同，亦是編年體的史書。並且墨子曾說「吾見百國春秋」，孟子曾說「晉謂之乘，楚謂之檮杌，而魯謂之春秋，其實一也」。編年史的起源一定極早，而且一定在紀傳史之前，這是

無疑的。

　　編年體的長短，劉知幾在《史通‧二體篇》也有一段批評，説：

> 　　夫春秋者（編年體），繫日月而為次，列時歲以相續；中國、外夷，同年共世，莫不備載其事，形於目前；理盡一言，語無重出，此其所以為長也。至於賢士、貞女、高才、儁德，事當銜要者，必盱衡[1] 而備言，跡在沉冥者，不枉道而詳説，故論其細也，則纖芥無遺，語其粗也，則丘山是棄；此其所以為短也。

　　歷來談史的都以劉知幾此説為宗。

漢魏兩晉南北朝間編年諸史

　　《史通‧六家篇》以荀悦《漢紀》為「左傳家」之首，這是有組織的編年史的第一部書。漢獻帝以《漢書》繁博難讀，命荀悦撮其書為編年體，成十卷。荀悦編此書，「列其年月，比其時事，撮要舉凡，存其大體，以副本書」，原是一種節鈔的工作，而「詞約事詳，論辨多美」，「歷代寶之，有逾本傳」，轉自成為不朽的著述。

1　　盱衡（xū héng）：觀察；縱觀。

在荀悅以後，編年史常與紀傳傳史並行，晉張璠、袁宏的《後漢紀》，孫盛的《魏春秋》，習鑿齒的《漢晉春秋》，干寶、徐廣的《晉紀》，裴子野的《宋略》，吳均的《齊春秋》，何之元的《梁典》（今僅荀悅《漢紀》、袁宏《後漢紀》尚存），都是這個體裁下的史書。

在晉朝，還有樂資其人，採取《戰國策》及《史記》，撰為《春秋後傳》，始於周貞王，終於秦二世，共三十卷，其意是要和《左傳》拉成一線。其書亦已散佚，無可攷見了。

司馬光與《資治通鑑》

荀悅《漢紀》以下那些編年史都是斷代的，斷代紀傳史已嫌割裂，斷代編年史更無理可說。司馬光的《資治通鑑》上紀戰國，下終五代，千三百六十二年間大事，按年紀載，一氣銜接，可以說是編年史中最偉大的著作。

司馬光，字君實，宋河內人。在宋英宗時，他曾約取戰國至秦二世時事跡，依《左傳》體成《通志》八卷，以之進呈於英宗；英宗歡喜這個體裁，叫他再繼續下去。於是辟官屬編集，前後漢由劉貢父主編；從三國到隋，由劉道原主編；從唐到五代，由范純甫主編；司馬光自己，則「刪削冗長，舉撮機要，關國家興衰、生民休戚，善可為法、惡可為戒者為一書」。這部書以治平二年（宋英宗）始編，成於元豐七年十二月（宋神宗），先後共經 19 年之久。全書 294 卷，託起於周威烈王二十三年以接《左

傳》，其間敍事，繁簡得當，神宗賜名製序，以為賢於荀悅，《四庫提要》贊美它「網羅宏富，體大思精，為前古所未有，而名物訓詁，浩博奧衍[1]，亦非淺學所能通」。這部書所以能與《史》《漢》比美，並不是偶然的。

司馬光於本書以外，又提綱絜要，略舉事目以備檢閱，成《資治通鑑目錄》30卷：

> 其法年經國緯[2]，著其歲陽歲名[3]於上，而各標《通鑑》卷數於下；又以劉羲叟《長歷》[4]氣朔、閏月及列史所載七政之變，著於上方，復撮書中精要之語，散於其間，次第鑿然，具有條理。

1　奧衍：謂文章內容精深博大。宋秦觀《李狀元墓志銘》：其詞奧衍，有漢唐遺風。

2　年經國緯：指以年為經，以國為緯的編寫史書的方法。

3　歲陽歲名：太歲紀年法是中國一種傳統紀年法，最初形成於戰國時期，分為兩個部分：一部分叫歲名紀年，即古人用攝提格、單閼（chán yān）、執徐、大荒落、敦牂（zāng）、協洽、涒（tūn）灘、作噩、閹茂、大淵獻、困敦、赤奮若等十二個太歲（歲陰）的名稱紀年，稱「歲名」。另一部分是西漢時出現的歲陽紀年，曆法家們又用閼逢（yān páng）、旃蒙、柔兆、強圉（yǔ）、著（chú）雍、屠維、上章、重（chóng）光、玄黓（yì）、昭陽等十個名稱，稱為「歲陽」。十個歲陽和十二個歲名按次序排列搭配來紀年，以閼逢攝提格為第一年、旃蒙單閼為第二年，由此類推，六十年周而復始。這些名稱拗口難解，據孜證係由於它們來自於當時北方少數民族的語言而音譯為漢語。

4　《長歷》：北宋天文學家劉羲叟編制的一部從戰國到五代的萬年曆譜，大體上依據各個時期的通行曆法，按年月日依次編朔閏，抵牾之處則照實際情況略加調整。

其他參攷群書，評其異同，成《資治通鑑攷異》30卷；又患《通鑑》浩大，難於領略，再撮精要之語，成《通鑑舉要》80卷，又採戰國下迄五代之間各國治亂，集以為圖，成《通鑑曆年圖》六卷。

司馬光對於史學，可以說是竭盡他的心力了！

《續資治通鑑》

在司馬光以後，接着編纂的，歷代都有其人。

南宋李燾的《續資治通鑑長編》，上起建隆（宋太祖），下終靖康（宋欽宗），共520卷；南宋劉時舉的《續宋編年資治通鑑》，上起建炎（南宋高宗），下終嘉定十七年（宋寧宗），共15卷；南宋金發視差的《通鑑前編》18卷，上以補古史；明陳桱的《通鑑續編》24卷，補前續後；清徐乾學的《資治通鑑後編》，上起建隆元年，下終至正二十七年（元順帝），共184卷，都是繼承他的工作的。

直到清乾隆間，畢沅的《續通鑑》成，下半截工作才可算大致完成了。《續通鑑》220卷，上起宋初，下終明代，修成於乾隆五十七年；畢沅身後，全書始刻成（馮集梧刻本成於嘉慶六年）。此書特色，在棄去司馬光式的評論，謂：

> 據事直書，善惡自見，史文評論，苟無卓見特識，發前人所未發，開後學所未聞，而漫為頌堯非桀，老生常談，或

有意騁奇，轉入迂僻；前人所謂如釋氏說法，語盡而繼之以
偈；文士撰碑，事具而韻之以銘；斯為贅也。

這真是一個有意義的進步。

年譜

「年譜之體，仿於宋人，考次前人撰著，因而譜其生平時
事，與其人之出處進退，而知其所以為言，是亦論世知人之學
也。」（章學誠《韓柳年譜書後》）

宋代年譜，以薛執誼《六一居士年譜》、洪興祖《昌黎先生
年譜》、吳斗南《陶潛年譜》為最早。到了清代，此體特盛，先
後不下數百種。其中有自撰的，如《孫夏峯先生譜》《恕谷先生
年譜》；有友生及子弟門生追撰的，如《顧亭林先生年譜》《顏習
齋先生年譜》《全謝山先生年譜》《戴東原先生年譜》；有後人為
昔賢補作的，如顧棟高的《司馬溫公年譜》《王荊公年譜》，王懋
竑的《朱子年譜》，李紱的《陸子年譜》，都是極有價值的著作。

年譜的價值高下，全看：一、譜主是否歷史的重心；二、材
料是否豐富；三、記述是否忠實。如王懋竑的《朱子年譜》，能
把朱子的人格和學術真相，貫穴鈎稽，盡得其精神與脈絡，自可
以千古不朽的。最近，胡適的《章實齋年譜》，不惟擷取譜主學
術的綱要，還能標明那時的時代潮流，不僅指出譜主的長處，還
常常指出他的短處，也是一個有意義的進步。

第五章　紀事本末及其他

袁樞與《紀事本末》－杜佑《通典》與馬端臨《文獻通攷》－方志－史注與史評

袁樞與紀事本末

紀事本末是一種以事為中心的史書，創始於南宋袁樞之《通鑑紀事本末》，較紀傳體、編年體為後出，而最近私於理想的新史。史書原是要探求史蹟的原因結果，史蹟前後連續，有時連續到數十年或數百年；紀傳史將一事分在數篇，編年史將一事分繫各年，來歷究竟難以觀察明白，惟以事為中心的紀事本末，最便於鑑往知來，在史體中可說是最進步的。

袁樞字機仲，南宋建安人。他「自出新意，因司馬光《資治通鑑》區別門目，以類排纂，每事各詳起訖，自為標題，每篇各編年月，自為首尾；始於三家之分晉，終於周世宗之征淮南，包括數千年事蹟，經緯明晰，節目詳具，前後始末，一覽了然」。在他原不過感到翻檢的困難，自謀便利，及其成功，却為史學上別創一體。楊萬里稱此書，「搴書之成，以後於其萌；提事之微，以先於其明；其情匿而泄，其故悉而約。」朱熹稱此書「部居門目、始終離合之間，皆曲有微意」，在那時已為一般人所推重了。

不過認識紀事本末體的真價值，還要待數百年後的章學誠來表揚，說：「本末之為體，因事命篇，不為常格，非深知古今大體、天下經綸，不能網羅隱括、無遺無濫。文省於紀傳，事豁於編年，決斷去取，體圓用神。……即其成法，沉思冥索，加以神明變化，則古史之原，隱然可見。」現在我們拿西方的史學來比較，更可以認識紀事本末的真價值了。

在袁樞以後，接着編紀事本末的，有宋章冲的《左傳紀事本末》（清高士奇亦編有此書，較佳）。明陳邦瞻的《宋史紀事本末》《元史紀事本末》、清谷應泰的《明史紀事本末》，及楊陸榮的《三藩紀事本末》；其他又有馬驌《繹史》、魏源《聖武紀》，也都是紀事本末體的史書。

杜佑《通典》與馬端臨《文獻通攷》

在紀傳史中，有書志一門，所記敍的是文物制度。文物制度，各代都有因革；從這一方面，更覺得斷代史割裂史蹟的缺點。直到唐杜佑編成《通典》，中國才有所謂完全的制度史。其書「採五經群史，上自黃帝，至於有唐天寶之末。每事以類相從，舉其始終，歷代沿革廢置及當時群士論議得失，靡不條載，附之於事。如人支脈，散綴於體」。這實是史學上的一大進步。

杜佑字君卿，唐京兆人。他編此書，共分八門：曰貨食，曰選舉，曰職官，曰禮，曰樂，曰兵刑，曰州郡，曰邊防，每門又

各分子目。記載詳而不煩，簡而有要，原原本本，皆為有用之實學。南宋鄭樵作《通志》，元馬端臨作《文獻通攷》，都以此書為藍本。

馬端臨的《文獻通攷》本依仿杜佑《通典》而作，「雖稍遜《通典》之簡嚴，而詳贍實為過之」。

馬端臨字貴與，元江西樂平人。他編此書，共分田賦攷、錢幣攷、戶口攷、職役攷、征榷攷、市糴攷、土貢攷、國用攷、選舉攷、學校攷、職官攷、郊社攷、宗廟攷、王禮攷、樂攷、兵攷、刑攷、經籍攷、帝系攷、封建攷、象緯攷、物異攷、輿地攷、四裔攷等十九門；大抵「因通典而離析之」，只有經籍、帝系、封建、象緯、物異五門為通典所未有。自序謂：「引古經史謂之文，參以唐宋以來諸臣之奏疏、諸儒之議論，謂之獻，故名曰《文獻通攷》。」

《通典》《通志》《文獻通攷》，歷代視為政書（關於鄭樵《通志》後詳），在清乾隆間有《續通典》《續通志》《續通攷》的編纂，合之《清通典》《清通志》《清通攷》，便成為九通的通稱。在現在要研究社會史，這些書是最重要的史料了。

方志

漢代以後，中國的幅員日益廣大，因此，分地記載的史志也日漸增多。《隋書‧經籍志》中所載：圖經（《冀幽齊三州圖經》）、人物傳（陳壽《益都耆舊傳》）、風土記（宗懔《荊楚歲

時記》）、古蹟（楊衒《洛陽伽藍記》），其性質都近於方志。陳以後，便薈萃以上各體成為方志，最初為府志，繼則分析下達為縣志，綜括上達為省志（明以前方志，今《四庫》著錄 27 種）。到了清代，康熙曾詔令全國郡縣分輯志書，雍正因修《大清一統志》，又嚴諭促修，限期蕆（chǎn，完成）事，後又頒各省府州縣志六十年一修之令。因此，有清一代，各地方志纂修得非常之多，現在所存，總在二三千種以上；其中保存了不少的社會的真史料。

　　纂修方志，大都由地方宮奉行故事，開局眾修；其中却也有經名儒精心結撰或參訂商榷的，如李南澗歷城、諸城兩志，全書皆纂集舊文，不自著一字，以求絕對的徵信，為後來志家所共仿傚。謝蘊山的《廣西通志》，首著敍例 23 則，徧徵晉、唐、宋、明諸舊志的門類體例，捨短取長，說明所以因革之由；他是以修志為著述大業的。直到章學誠以史學大師，把創作力表現在和州、亳州、永清三志及《湖北通志》稿中，「方志學」始完全成立。他說的「凡欲經紀一方之文獻，必立三家之學：仿正史記傳之體而作志，仿律令典例之體而作掌故，仿文選文苑之體而作文徵，三書相輔而行，缺一不可」，也是獨步千古的卓識。

　　清代省志，除了廣西謝志、浙江廣東阮志其價值為史學界所公認，還有畿輔李志、山西曾志、湖南李志也都有相當的價值。宣統新疆袁志，前無所師承，體例亦多新創，是近代最有價值的方志。各府州縣志，除章學誠所修各志外，如董方立的長安、咸甯二志，鄭子尹、莫子偲的《遵義志》，亦極有名。

史注與史評

對於史籍的注釋攷證，歷代都有其書。如裴松之注《三國志》，劉孝標注《世說新語》，「上搜舊聞，傍摭遺逸」，原書所未載的搜取之以補其闕，這是補充事實的史注。又如裴駰、徐廣注《史記》，應劭、如淳注《漢書》，或作注解，或作音義，這是注訓詁的史注。對於治史者，都有相當的幫助。

又有從攷證史料上用功夫的，如《隋書・經籍志》所載的劉寶《漢書駁議》，姚察定《漢書疑》，便是這一類的史注。清代精於攷證，攷證史料的如錢大昕的《廿二史考異》、王鳴盛的《十七史商榷》、趙翼的《廿二史箚記》，見解都極精到。尤其是趙翼的《廿二史箚記》，「不蹈襲前人，亦不有心立異，於諸史審訂曲直，不揜其失，而亦樂道其長」，可說是深得屬辭比事之訣；對於治史者更有幫助。

對於歷史上所發生事蹟加以評論的，《左傳》《史記》已發其端，各史也用論贊來表示他的意見。其實畫蛇添足，已可不必作。而陳代以後，又有所謂史論等書，如呂祖謙的《東萊博議》、張溥的《歷代史論》，都是一些空泛議論，更可不必作。

只有清初王夫之的《讀通鑑論》，其中有他一貫的精神，借史事來發表；有他的特別眼光，立論往往迥異流俗。然而這一類書，易導讀者入於奮臆空談一路，對於治史絲毫沒有用處，畢竟沒有撰作的必要的。

第六章　劉知幾與《史通》

劉知幾之生平－作《史通》的動機－對於史學上的貢獻－對於古史籍的批評－《史通》概略

劉知幾之生平

劉知幾字子玄，唐徐州彭城人，生於唐高宗龍朔元年，死於唐玄宗開元九年（661～721）。

他對於「史學」，自幼便感到興趣，十二歲時跟着他父親讀古文《尚書》，總覺得字句晦澀，難以理會；他父親嚴緊迫促他，甚而加以鞭扑，還是沒有效果。可是一聽到他父親為諸兄講《春秋左氏傳》，便又悠然神往。他私自和諸兄們談論道：「若是書都是這般的，我早就不懶惰了。」他父親便改用《左氏傳》教他，讀了一年，大體都已明了。接着再讀《史記》《漢書》《三國志》等史書，竟自觸類旁通，不講自明；在十七歲以前，居然把各史都瀏覽一過了。

他對於史學，在那時已有獨到的悟解，『讀班、謝兩漢，便怪前書不應有古今人表，後書宜為更始立記。當時聞者共責，以為童子何知而敢輕議前哲，於是赧然自失，無辭以對。其後見張衡、范曄集，果以二史為非。其有暗合於古人者，蓋不可勝紀。』

他的史學天才，在這些地方已嶷然露着頭角了。

他二十歲擢進士第，「自是公私借書，得似恣情披閱，一代之史及雜記小書，莫不鑽研穿鑿，盡其利害。」這是他的史學充分修養時期。四十歲以後，他幾次擢任史官，和史館有密切關係（武后長安二年以著作佐郎兼修國史，尋遷左史，撰起居注。中宗即位，除著作郎，撰太子率更令，兼修史如故。景龍三年，驛召至京，領史事，遷祕書監。在理應該有極偉大的成就，誰知那時朝廷設局修史，「人自以為荀、袁，家自稱為政、駿，每欲記一事，載一言，皆擱筆相視，含毫不斷，故頭白可期，而汗青無日。」又「史官注記，多取稟監修，楊令公則云必須直詞，宗尚書則云宜多隱惡，十羊九牧，其令難行；一國三公，適從何在？」

他處在這動受掣肘的環境中，「凡所著述，嘗欲行其舊議，而當時同作諸士及監修貴官，每與其鑿枘相違，齟齬難入，故其所載削，皆與俗浮沉，雖自謂依違苟從，然猶大為史官所嫉。」所以他「鬱怏孤憤，無以寄懷，必寢而不言，嘿而無述，又恐沒世之後，誰知予者？故退而私撰《史通》以見其志」。

可見劉知幾雖在史館近二十年，其一肚子不合時宜，逼迫他不能在史的製作上有所成就，所以留給我們的不是「史」而是「史學」了。他「事理縝密，識力銳敏，勇於懷疑，勤於綜核，雖於孔子亦不曲徇。」梁啓超說他是王充以後第一人，對於這位大史學家，並不曾溢美罷！

作史通的動機

劉知幾所以要作《史通》的本因，他自己在自敘篇已是反覆地說過了。

一則他是個有創見的人，「其所悟者，皆得之襟腑，非由染習。」可奈「流俗之士，難與之言」，以至「言悟日多，無可告語」。在這個獨往獨來的情況之下，使他不得不生「藏之名山，傳之後世」的心念；二則他「三為史臣，再入東觀」，處在可有為之地，而「非欲之而不能，實能之而不敢」，以至與俗浮沉，一籌莫展，只好「私撰《史通》以見其志」。三則他對於古代史籍的長短是非，平日早有相當的評判，「下筆不休，遂盈筐篋」，也得給他一個有系統的整理，使後來學者究其源流。

結底說一句，他這部精心結構的《史通》，有一番最沉摯的用意：

> 蓋傷當時載筆之士，其義不純，思欲辨其指歸，殫其體統。其書雖以史為主，而餘波所及，上窮王道，下掞人倫，總括萬殊，包容千百。其為義也，有興奪焉，有褒貶焉，有鑑戒焉，有諷刺焉，其為貫穿者深矣，其為網羅者密矣，其所商略者遠矣，其所發明者多矣。蓋談經者惡聞服、杜之嗤，論史者憎言班、馬之失，而此書多譏往哲，喜述前非，獲罪於時，固其宜矣，猶冀知音君子時有觀焉。（自述篇）

對於史學的貢獻

　　知幾對於史學的貢獻，最大的莫如糾正古代史家主觀的態度。他以為：「明鏡之照物也，妍媸必露，不以毛嬙[1]之面或有疵瑕而寢其鑑也；虛空之傳響也，清濁必聞，不以緜駒[2]之歌時有誤曲而輟其應也。夫史官執簡，宜類於斯，苟愛而知其醜，憎而知其善，善惡必書，斯為實錄。」又謂「又書事之法，其理宜明，使讀者求一家之廢興則前後相會，討一人之出入則始末可尋。……蓋君子以博聞多識為工，良史以實錄直書為貴。」所以他不但疑古，並敢惑經，並大膽譏評孔丘。他所列舉的十二未喻，如：「夫子修《春秋》，多為賢者諱：狄實滅衛，因桓而不書；河陽召王，成文美而稱狩；斯其情兼向背，志懷彼我，苟書法其如是也，豈不使為人君者，靡憚憲章，雖玷白圭[3]，無慚良史也乎？」又如：「春秋記它國之事，必憑來者之辭；而來者之言，多非其實：或兵敗而不告，君弒而不以弒稱……皆承其所說而書，遂使真偽莫分，是非相亂。」又如：「案《汲冢竹書》《晉春秋》及《紀年》之載事也，如重耳出奔，惠公見獲，書其本國，皆無所隱，惟《魯春秋》之記其國也則不然，事無大小，苟涉嫌疑，動稱

1　　毛嬙（qiáng）：中國春秋時期越國的美女之一，大體與西施同時。周濟《介存齋論詞雜著》：「毛嬙、西施，天下美婦人也。嚴妝佳，淡妝亦佳，粗服亂頭，不掩國色。」
2　　緜駒：春秋時齊國人，善於歌唱。《告子下》：緜駒處於高唐而齊右善歌。
3　　白圭：白色的玉。《詩經‧大雅‧抑》：「白圭之玷，尚可磨也；斯言之玷，不可為也。」

恥諱，厚誣來世，奚獨多乎？」真有膽有識，看得到，説得出！往
古來今，敢這般光明正大地懷疑孔丘，能有幾人？中國史學界本來
受孔丘所謂「褒貶」的流毒最多，而知幾竟有膽量去廓清它。

在歷史中，顯然告訴我們：人類是進化的，思想是變遷的。
所以知幾生在千百年以前，還比千百年以後的林琴南[1]思想進步
些。林氏謾罵語體文[2]，説是「引車賣漿」者所用，不配登大雅之
堂。知幾却説：「天地長久，風俗無恆。後之視今，亦猶今之視
昔；而作者皆怯書今語，勇效昔言，不其惑乎？」看了這話，我
們該有什麼感想？統看《史通》言語及雜説諸篇，覺得他對於「方
言」的價值，有徹底的瞭解。他説：「時人出言，史官入記，雖
有討論潤色，終不失其梗概者也。夫三傳之説既不習於《尚書》，
兩漢之詞又多違於《戰策》，足以驗甿俗[3]之遞改，知歲時之不
同。而後來作者通無遠識，記其當世口語，罕能從實而書，方復
追效昔人，示其稽古。是以好丘明者則編模《左傳》，愛子長者
則全學《史公》[4]，用使周秦言辭，見于魏晉之代，楚漢應對，行乎
宋齊之日，而偽修混沌，失彼天然；今古以之不純，真偽由其相
亂，故裴少期譏孫盛錄曹公平素之語，而全作夫差滅亡之詞，雖

1　林琴南：名紓（shū），字琴南，福建閩縣（今福州人）。近代文學家，尤以
　　翻譯外國小説名世。
2　語體文：又稱白話文，與文言文相對，指以通行的口語寫成的文章。「五四運
　　動」前後的白話文運動，在文學語言上推動了白話文時代的開始。
3　甿俗（méng sú）：民俗，風尚。白居易《風化澆樸策》：「甿俗之理亂，風化
　　之盛衰，何乃得于往而失于來，薄于今而厚于古？」
4　《史公》：即《史記》。《史記》原名《太史公書》或《太史公記》，直至漢朝
　　末年大家才習慣稱現名。

言似春秋，而事殊乖越者矣。」

　　又說：「夫以記宇文之言，而動遵經典，多依《史》《漢》，此何異莊子述鮒魚之對而辭類蘇、張，賈生敍鵩鳥之辭而文同屈、宋，施於寓言則可，求諸實錄則否矣！」這些話，我們讀了更該有什麼感想？

　　關於史籍的著述，知幾提出許多重要的意見。他自己因為處在史館，全無發展餘地，所以對于設局修史，認為十分不好。《辨職篇》反覆說明這個意思。他以為「設官分職，紆績課能，欲使上無虛授，下無虛受，其難矣哉」！他認清修史者須是：一，「彰善貶惡，不避強御」。二，「編次勒成，鬱為不朽」三，「高才博學，名重一時」。而「近古每有撰述，必以大臣居首……凡庸賤品，飽食安步，坐嘯畫諾，當官卒歲，竟無刊述」。因此他痛罵道：「彼史曹者崇扃峻宇，深附九重，固素餐之窟宅，尸祿之淵藪也！凡有國有家者何事于斯職哉？」因此，他主張：「深識之士退居清靜，杜門不出，成其一家。」這是第一個意見。

　　知幾不主張「天文」「藝文」立志，而主張為「都邑」「氏族」「方物」立志，因為「兩曜百星，麗于玄象，非如九州萬國，廢置無恒，故海田可變而景緯[1]無易。……必欲刊之國史，施于何代不可也？」所以說「天文」不必立志。又因「伏羲已降，文籍

1　景緯：太陽與星辰。《文選・王融〈三月三日曲水詩序〉》：「求中和而經處，撥景緯以裁基。」李善注：「景，日；緯，星也。」

始備,逮于戰國,其書五車,……古之所制,我有何力?……
前志已錄,而後志仍書;篇目如舊,頻煩互出,……詳求厥義,
未見其可」,所以說「藝文」不必志。至於他所以主張為「都邑」
「氏族」「方物」立志,因為:

A、「宮闕制度,朝庭軌儀,前王所為,後王取則,……經
始之義,卜揆之功,經百王而不易,無一日而可廢,……為國史
者宜各撰都邑志列于『輿服』之上。」

B、「金石、草木、縞紵、絲枲之流,鳥獸、蟲魚、齒革、羽
毛之類,或百蠻攸稅,或萬國是供,《夏書》則編于『禹貢』,《周
書》則託于『王會』,觀之者擅其博聞,學之者騁其多職。……
為國史者宜各撰方物志列于『食貨』之首。」

C、「周撰《世本》,式辨諸宗;楚置三閭,實掌王族;逮乎
晚葉,譜學尤煩,用之於官可以品藻士庶,施之於國可以觀別華
夷,……凡為國史者,宜各撰氏族志列于『百官』之下。」

這是第二個意見。

他不主張史中立表,而主張表志之外更立一書。因為「以表
為文,用述時事,施彼譜牒,容或可取,載諸史傳,未見其宜。
何則?知文尚簡要,語惡煩蕪,何必款曲重沓方稱周備?……且
表次在篇第,編諸卷第,得之不為益,失之不為損。用使讀者莫
不先看本紀,越至世家,表在其間,緘而不視,語其無用,可勝
道哉?」所以他主張史書可以無表。因為:「古者言為《尚書》,
事為《春秋》,左右二史,分尸其職。……至於《史》《漢》,凡
所包舉,務存恢博,文辭入記,繁富為多。……夫方述一事,得

其紀綱，而隔以大篇，分其次序，遂令披閱之者有所懵然。……
凡為史者，宜于表志之外，更立一書。」所以他主張為言立書。
這是第三個意見。

對於古史籍的批評

清代史學家章學誠說明他自己和劉知幾的不同，謂：「劉言
史法，吾言史意，劉議館局纂修，吾議一家著述。」這話說得非
常確當。《史通》一書，其中所講的十有八九是討論纂修史籍的
體例方法，所以他所批評的也偏重這一方面。

數千年的史家，頂歡喜「褒貶」，頂考究什麼「皮裏陽秋」。
《春秋左氏傳》每有發論，假「君子」以稱之；二傳云公羊子、穀
梁子；《史記》云太史公，班固曰贊，荀悅曰論，《東觀》曰序，
謝承曰詮，陳壽曰評，王隱曰議；何法盛曰述，揚雄曰譔，劉昞曰
奏，都無非講一些「誅心之論」！劉知幾却看做一錢不值。他說：「理
有非要，強生其文；私徇筆端，苟衒文彩，……欲觀人之善惡，史
之褒貶，蓋無暇於此也。」——這是他對於古史籍批評之一。

斷代史在史學界居然佔正統的地位，現在的二十四史便是
二十四姓的家譜。知幾商榷史法，於各史斷限不清常有微詞。他
說《漢書》立表志是「侵官離局」，又說：「《宋史》上括魏朝，
《隋書》仰包梁代，可為歎息。」又說：「一代之史，上下相交，
若已見它記，則宜無重述。」又說：「班書地理志首，全寫《禹貢》
一篇，徒有其煩，竟無其用。」總之，他是主張「明彼斷限，定

159

其折中」的。——這是他對於古史籍批評之二。

知幾對於《漢書·五行志》表示十分不滿意，在《書志·五行篇》說它：「前事已往，後來追證，課彼虛說，成此游詞，老生常談，徒煩翰墨。」在《漢書五行志錯誤篇》又說：「班氏著志，牴牾者多，於五行蕪累尤甚。條其錯謬，定為四科：A、引書失宜；B、敘事乖理；C、釋災多濫；D、古學不精。」班氏的「五行說」[1] 本是要不得，經他這麼一駁，更體無完膚了。這是他對於古史籍批評之三。

魏收所撰的《魏書》，最為知幾所不滿，《史通》中一再看見斥魏收的話，尤以《正史篇》為最甚。「收詔齊氏，於魏宣多不平，既黨北朝，又厚誣江左。性憎勝己，喜念舊惡，甲門[2] 盛德，與之有怨者莫不被以醜言，沒其善事；遷怨所及，毀及高曾。……由是世薄其書，號為穢史。」這是他對於古史籍批評之四。

《史通》概略

《史通》凡 20 卷，前 10 卷為內篇，凡 36 篇；後 10 卷為外篇，凡 13 篇；合之已亡佚的《體統》《紕繆》《弛張》3 篇，共 52 篇。

1 　五行說：中國古代的一種世界觀，認為世界萬物都由木、火、土、金、水五種要素（五行）運行變化所成，一切事物都是在不斷的五行相生相克中維持着協調平衡。班固在《漢書·五行志》中，把五行和軍國大事聯繫在一起，為軍國大事中的異常事變尋找理論根據。

2 　甲門：古代士族中地位最高的家族稱為「甲門」，即第一等的世家大族。唐白行簡《李娃傳》：「弟兄姻媾皆甲門，內外隆盛，莫之與京。」

　　其中《六家》一篇，詳述《尚書》《春秋》《國語》《史記》《漢書》六家的來歷內容及後世仿六家的著作，《古今正史》一篇略述自古至唐各代的正史及其作者，是總括原委文字。

　　《內篇·二體篇》以下《載言》《本紀》《世家》《列傳》《表歷》《書志》《論贊》《序例》《題目》《斷限》《編次》《稱謂》等 13 篇，是在商榷史書的體例；自《採撰》以下《載文》《補注》《因習》《邑里》《言語》《浮詞》等 7 篇，則指示史料的採集及整理的方法，自《品藻》以下《直書》《曲筆》《鑑識》《核才》《辨職》等 6 篇，則指示史家應持的態度；自《摹擬》以下《書事》《人物》《序傳》《煩省》《雜述》等 6 篇，則指示作史的方法。

　　外編除《史官建置篇》敘述史官制度外，《疑古》以下《惑經》《申左》《點煩》《雜說》（上中下）《漢書五行志錯誤》《五行志雜駁》《暗惑》等十篇，全是批評文字，在這些地方正可以看出劉知幾的卓識。

　　其他《自述》《忤時》兩篇，那是劉知幾的自敘傳，我們若要知道他的生平，須得先讀這兩篇。

第七章　鄭樵與《通志》

鄭樵之生平－論通史－《通志》之內容－對於史學的貢獻

鄭樵之生平

　　鄭樵號漁仲，宋福建興化軍莆田縣人，生於北宋徽宗崇寧三年，卒於南宋高宗紹興三十二年（1104～1162）。他的一生，正當南宋和北宋的交界。他和他的堂兄厚，自幼都有脫略流俗的風度，同在夾漈山讀書，往往寒月一窗，殘燈一豆，讀書讀到天亮。

　　金兵南下，攻陷汴京。那時，他們兄弟倆正在壯年，頗有用世的大志願，因為到處都受挫折，又移轉方向，專向學問方面去發展。鄭樵的治學頗有科學家實驗的精神，「不問飛潛動植，皆欲究其情性」，他研究的訓詁是「已得鳥獸草木之真，然後傳《詩》；已得詩人之興，然後釋《爾雅》」，和古來傳注家正站在絕不相同的兩條路上。

　　他為學的宗旨，一不願做「哲學」，二不願做「文學」，實實在在要來建設「實學」。他自己說：「善為學者如持軍治獄：若無部伍之法，何以得書之紀；若無覈實之法，何以得書之情？」這豈不是近代科學家所標榜的科學方法嗎？他因為要部伍，對於各種事物都有很詳細的分析；因為要覈實，對於各種科學都要去

畫圖——總要把事物的實狀清清楚楚的表現出來。可憐他這種精神是中國學術界所最缺乏的，所以他自己的學問終於和他的生命相為終始。

鄭樵在四十歲以後，名望漸漸地大了，所做的文字流傳得頗廣。朝中大臣如李綱、趙鼎、張浚等都很器重他。紹興十八年，他把所做的書繕寫了 18 韻，140 卷，徒步 2000 里，到杭州闕下，把這些書獻上了。他那時有一篇《獻皇帝書》申說他的懷抱。獻書後，果有詔許他把著作送祕書省投納收藏。

他得意極了，以為「蓬山高迥，自隔塵埃；芸草芬香，永離蠹朽，百代之下，復何憂焉？」於是還到草堂，更是勉勵。

鄭樵進京時本有三大志願：一、保存他自己的著作；二、整理圖書金石；三、編輯通史。尤其是編通史是他最大的宏願。可奈他是個白衣，雖蒙皇帝召對，還是沒機會去成就他自己的志願。他力請還山，高宗就給了札子與他，叫他歸去鈔寫《通志》。《通志》是他畢生的大事業，並且借了官書的力量，流傳得最完備，最廣遠。現在他的別種著作都失傳了，假使他不做這部書，我們幾乎無從了解他的學問了。紹興三十一年，他做完了就到闕下去上書。第二年春天他就死了。那時他五十九歲，他的兒子翁歸只有八歲。他家裏眞窮，他的遺著雖在刻書最便利的福建，畢竟沒有刻出來。到如今，他的完全的書只有《通志》一種；《爾雅注》已沒有譜沒有圖，《夾漈遺稿》只是一部略之又略的詩文集，決不是他的完本。他重要的著作，如《詩傳》《詩辨妄》《春秋傳》《天文志》《春秋地名》《動植志》《群書會志》《亡書備載》

都失傳了（顧頡剛著有《鄭樵傳》）。

論通史

鄭樵是一個主張會通百家的大學問家，對於史書的編修，有的地方和劉知幾的見解正不相同。劉知幾是極端贊成斷代史的，以為「包舉一代，撰成一書，學者尋討，易為其功」。鄭樵的意見和他相反，以為：「善學司馬遷者莫如班彪，彪續遷書，自孝武至於後漢，欲令人之續己，如己之續遷，既無衍文，又無絕緒。固為彪之子，不能傳其業，斷代為史，無復相因之格，會通之道，自此失矣。」所以鄭氏自己極想「自天子中興，上達秦漢之前，著為一書，曰《通史》」。

本來時間線是亙古不斷的，斷代史以帝室為史的中樞，顯然失了史的意義。鄭樵想用司馬遷的會通的法子，把歷代史打一個統賬，實是「史學」上最有價值的主張。這個主張在當時並沒有什麼影響，雖然草就了《修史大例》二十篇，到處去尋伺機會，還只能在《通志》上小試其才。直到清代大史學家章實齋出，才認識「通史」的真價值，謂：「通史之修，其便有六：一曰免重複，二曰均類例，三曰便銓配，四曰平是非，五曰去抵牾，六曰詳鄰事。其長有二：一曰具剪裁，二曰立家法。」

也只有章實齋認識《通志》的真價值，說是「卓識名理，獨見別裁，古人不能任其先聲，後代不能出其規範，雖事實無殊舊錄，而諸子之意，寓於史裁」。鄭樵的苦心孤詣，從此才為世人所認識。

《通志》之內容

　　鄭樵於紹興二十八年奉命回家鈔寫《通志》，第二年料理文字，第三年就動手修書，紹興三十一年便完全脫稿，其間不過二年功夫。他所以這樣急急寫成，一則急於覆皇帝的命，二則只怕自己病死。這部書範圍這麼大，時間這麼短，自然不免有淺薄潦草之處，然而第一步的會通功夫，他總是已經做過了。

　　《通志》是怎樣一部書呢？「其書上自羲皇，下終隋代，集天下之書為一書，雖曰繼馬遷而作，凡例殊塗，經緯異制，自有成法，不踏前修。」（《上宰相書》）當然是前無古人、包羅萬有的大史書了。

　　全書分帝后紀傳、年譜、二十略、列傳四大部分，共 200 卷。本紀和列傳是把各史的原有材料合攏來，而刪去其中重複衝突之處，年譜和二十略是他自做的，但禮、刑、職官諸略是節錄杜佑《通典》的文字。他所做的這部書，除年譜及都邑略是臨時編集而外，其餘氏族六書等略，大都是把他平日所做的書刪節而成的。所以紀傳部分，都不足表現他的史才，惟有二十略才是他的精力所寄。

　　二十略的內容，《通志總略》簡括的叙述，謂：

　　一、生民之本在於姓氏，男子稱氏所以別貴賤，女子稱姓所以別婚姻。今所推有三十二類，故作氏族略。

　　二、文字之本出於六書：象形、指事，文也；會意、諧聲、轉注，字也；假借者，文與字也。今驅天下文字盡歸六

書，軍律既明，士乃用命，故作六書略。

三、天籟之本，自成經緯，縱有四聲以成經，橫有七音以成緯，故作七音略。

四、天文之家在於圖象，今取隋丹元子《步天歌》，句中有圖，言下成象，靈台所用，可以仰觀。不取甘、石本經，惑人以妖妄，速人於罪戾，故作天文略。

五、九州有時而移，山川千古不易。今準《禹貢》之書而理川源，本《開元十道圖》以續今古，故作地理略。

六、都邑之本，金湯之業，以梁、汴者四朝舊都，為痛定之戒，南陽者疑若可為中原之新宅，故作都邑略。

七、古之帝王存亡皆用名。周公制禮，不忍名其先君，武王受命之後，乃追諡此太王、王季、文王，此諡法所由立也。本無其書，後世偽作《周公諡法》，欲以生前之善惡為死後之勸懲。幽、屬、桓、靈之字本無凶義，諡法欲名其惡，則引辭以遷就其意。今所纂，並以一字見義，削去引辭而除其曲說，故作諡略。

八、今之祭器，出於禮圖，徒務說義，不思適用，形制既乖，豈便歆享？故作器服略。

九、樂以詩為本，詩以樂為用。詩者，人心之樂也，不以世之興衰而存亡。繼風雅之作者樂府也，故作樂略。

十、學術之苟且，由源流之不分，書籍亡，由編次之無紀。故作藝文略。

十一、冊府之藏，不患無書；校讎之司，未聞其法。欲

三館無素餐之人，四庫無蠹魚之簡，千章萬卷，日見流通，故作校讎略。

十二、古之學者左圖右書，不可偏廢。劉氏作七略，收書不收圖，班固即其書為藝文志：自此以還，圖譜日亡，書籍日冗。所以因後學而墮良材者，皆由於此。故作圖譜略。

十三、金石之功，寒暑不變；以此稽古，庶不失真，於是採蒼頡石室之文，下逮唐人之書，各列其人而名其地，故作金石略。

十四、天地之間，災祥萬種；人間禍福，冥不可知。若之何一蟲之妖，一物之戾，皆繩之以五行？故削去五行而作災祥略。

十五、語言之理易推，名物之狀難識。五方之名本殊，萬物之形不一。必廣覽動植，洞見幽潛，通鳥獸之情狀，察草木之精神，然後參之載籍，明其品彙，故作昆蟲草木略。

凡十五略，出之胸臆，不涉漢唐諸儒議論。禮略所以叙五禮，職官略所以秩百官，選舉略言掄材之方，刑法略言用刑之術，食貨略言財貨之源流。凡茲五略，雖本之前典，亦非諸史之史也。

鄭樵對於二十略非常自負，自謂：「總天下之大學術而條其綱目，名之曰略。……百代之憲章，學者之能事，全於此矣。」這是何等睥睨一世的氣概！

其中如氏族六書、七音等略，考訂詳明，議論精到，真可説

是「出臣胸臆，非諸儒所聞」，其他或漏或缺，還未能説是盡善盡美。《四庫全書總目》對於二十略有一段批評文字，譏彈得亦頗得當，謂：

> 其氏族、六書、七音、都邑、昆蟲草木五略為舊史之所無。按《史通·書志篇》曰，可以為志者其道有三：一曰都邑志，二曰氏族志，三曰方物志。樵增氏族、都邑、草木昆蟲三略，蓋竊是文。餘十五略雖皆舊史所有，然諡與器服乃禮之子目，校讎、圖譜、金石乃藝文之子目：析為別類，不亦冗且碎乎？且氏族略多掛漏，六書略多穿鑿，天文略只載丹元子《步天歌》；地理略則全鈔杜佑《通典·州郡總序》一篇，前雖先列水道數行，僅雜取《漢書·地理志》及《水經注》數十則，即《禹貢》山川亦未能一一詳載；諡略則別立數門，而沈約、扈琛諸家之諡法悉刪不錄，即《唐會要》所載呆字諸諡亦並漏之；器服略，器則所載尊、彝、爵、觶之制，制既不詳，又與金石略複出；服則全鈔杜佑《通典》之嘉禮。其禮樂、職官、食貨、選舉、刑法六略，亦僅刪錄《通典》，無所辨證。至職官略中以《通典》注所引之典故，悉改為案語大書，則更為草率矣；藝文略則分門太繁，金石略則鐘鼎碑碣，核以博古、攷古二圖，集古、金石二錄脱略至十之七八；災祥略則悉鈔諸史五行志，草木昆蟲略則並《詩經》《爾雅》之注疏亦未能詳核。特其採摭既已浩博，議論亦多警闢，雖純駁互見，而瑕不掩瑜，究非游談無根者可及。

對於史學的貢獻

鄭樵十年苦心治學，他的些些影子只留在一部一年半時間草草集成的《通志》上，自然無從窺測他的全豹。不過他所貢獻於史學界，不僅在他的史著而在他的治史方法。除了上面那個《通史》的根本主張而外，還有明類例、辨虛妄、作圖譜三個重要主張，值得我們去注意的。

A、明類例

鄭樵治學，對於各種事物都有很詳細的分析：以 24000 餘字分配到六書，又以 330 母為形主，870 子為聲主，這是對於文字的分析。以四聲為經，七音為緯，成為極明白的韻書；這是對於聲音的分析。從前的氏族書是極模糊的，他的氏族志却分成 32 類，從前目錄分類是很簡單的，他的群書會記却分成 422 類。他的宗旨總在明類例，有了類例，事物就可釐然就範了。

B、辨虛妄

鄭樵治學，總要把事物的實狀，清清楚楚的表現出來；所以對於事物，即不能找得真面目，亦不肯隨便信着傳說。他在《詩辨妄》裏說：「詩書可信，然不必字字可信。」他最恨的是附會，所以說：「載籍本無說，腐儒惑之而說衆。」又說：「亂先王之典籍而紛惑其說，使後不知大道之本，自漢儒起。」他最恨的漢儒傳注，有兩類書，一是《詩經》，

一是《春秋》。他以為《詩經》主在樂章,《春秋》主在法制,原沒有什麼深微的意義。他所做的《詩辨妄》指出漢儒附會之迹,把《詩序》根本推翻,把《傳箋》大加刪削,使得他們不能再欺人。又做《春秋攷》,把三傳文字並列比較,尋出他們所以錯誤之故,並且杜絕他們褒貶的妄說。——這是中國學術界頂缺乏的精神。

C、作圖譜

鄭樵治史,最重圖譜,謂「圖至約也,書至博也,即圖而求易,即書求難。武平一,唐人也,問以魯三桓、鄭七穆《春秋》族系,無有遺者,時人服其明《春秋》。平一固熟於《春秋》矣,使平一不見譜,雖誦春秋如建瓴水,亦莫知古人氏族之始終。由是益知圖譜之學,學術之大者」。即在這一個主張上,也可見他史識的遠大了。

章實齋云:「鄭樵生千載而後,慨然有見於古人著述之源,匡正史遷,貶損班固,運以別識心裁,自為經緯,成一家言。」著者寫到這裏,對於章氏的批評亦有同感。

第八章　清初之浙東史學

浙東史學之源流－黃宗羲與《明儒學案》－萬斯同與《明
史》－全祖望與《宋元學案》

浙東史學之源流

中國史學界，自陳代以後，除了司馬光、鄭樵、袁樞等少
數有別裁特識的史學家而外，大概可分為三派：一派是繼承褒貶
義法，要想用簡單隱奧的文詞來行聖伍之道的，如胡安國、歐陽
修之徒便是；一派是效法縱橫家言，專做空疏的史論來譏評史事
的，如蘇洵父子便是；又一派專侈浩博，不復審擇事實的，如羅
泌、李燾之徒便是。這三派平分宋、元、明七八百年的史學，在
史學本身講，可以說是最貧乏的現況。

清初浙東史學，便是這個現況的大反動。浙東史學，開拓於
黃宗羲、萬斯同，而昌明於章學誠。也可以說，中國史學到這
時才完全成熟。章學誠論浙東學術，謂「梨洲黃氏，出蕺山劉
氏之門，而開萬氏兄弟經史之學，以至全氏祖望輩尚存其意。
浙東之學，言性命者必究於史，此其所以卓也。」

這話是不錯的。清代學術，皖吳樸學以及清末「今文學」，
固然獨步一時，惟有「浙東史學ｊ可以與之分庭抗禮呢！

黃宗羲與《明儒學案》

黃宗羲字太冲，學者稱梨洲先生，浙江餘姚人，生於明萬曆三十八年，卒於清康熙三十四年（1610～1695）。

他是王陽明的同里後學，王學大師劉蕺山的弟子。他的父親忠端公是東林名士，為魏閹所害。而他一生所奔走呼號的復國運動，畢竟完全失敗。明統既絕，他絕意國事，奉母親鄉居，從事著述。

宗羲的父親入獄的時候，告訴他一句話：「學者最緊要的是通知史事。」所以他自幼即致力「史學」。他家裏藏書極多，所以記誦極博，對於各門學問都有所探索。其教弟子亦曰：「學者必先窮經，然拘執經術，不適於用；欲免迂儒，必兼讀史。」他的著述極多，關於「史學」的著述，最重要的有《明儒學案》及未完稿的《宋元學案》。

《明儒學案》六十二卷，以姚江「王學」為中心。在「王學」以前的是「王學」的先河，在「王學」以後的是「王學」的流裔，其同時或相發明或相非難的，還是以「王學」為中心。全書對於明代學術，線絡井然，自是有組織的製作。中國有完善的學術史，實自這部《明儒學案》始。

著學術史有四個必要條件：第一，敘一個時代的學術，須把那時代重要各學派全數網羅，不可以愛憎為去取；第二，敘某家學說，須將其特點提挈出來，令讀者得明晰的觀念；第三，要忠實傳寫各家真相，不可以主觀上下其手；第四，要把各人的時代

和他一生經歷大概敍述，看出那人的全人格。

梨洲的《明儒學案》，總算具備這四個條件。那書卷首有「發凡」八條。說：「此編所列，有一偏之見，有相反之論。學者於其不同處，正宜着眼理會。……以水濟水，豈是學問？」

他這書以陽明學派為中堅，因為當時的時代精神焦點所在，應該如此。但他對於陽明以外各學派，各還它相當位置，並不抹殺，正合第一條件。

他又說：

> 大凡學有宗旨，是其人之得力處，亦是學者之入門處。……講學而無宗旨，即有嘉言，是無頭緒之亂絲也。學者而不能得其人之宗旨，即讀其書，亦猶張騫初至大夏，不能得月氏要領。……每見鈔先儒語錄者，薈撮數條，不知去取之意謂何，其人一生精神未嘗透露，如何見其學術？

我們讀《明儒學案》，每讀完一案，便覺這個人的面目活現紙上。梨洲自己說：「皆從各人全集纂要鈎元。」可見他用功甚苦。但我們所尤佩服者，在他有眼光能纂鈎得出，這是第二個條件。

梨洲之前，有位周海門曾著《聖學宗傳》一書，他的範圍形式都和《明儒學案》差不多。梨洲批評他道：「是海門一人之宗旨，非各家之宗旨。」梨洲這部書，雖有許多地方自下批評。但他僅在批評裏頭表示自己意見，至於正文的敍述卻極忠實，從不

肯拿別人的話作自己注腳,這是合第三個條件。

他在每案之前,各做一篇極翔實的小傳,把這個人的時代經歷、師友淵源詳細說明,令讀者能把這個人的人格捉摸到手,這是合第四個條件。

所以《明儒學案》這部書,我認為是極有價值的創作,將來做哲學史、科學史、文學史的人,對於他的組織雖有許多應改良之處,對於他的方法和精神,是永遠應採用的。(梁啟超語)。

萬斯同與《明史》

萬斯同字季野,浙東鄞縣人,生於明崇禎十五年,卒於康熙四十年 (1642~1701)。他是傳受黃宗羲「史學」的弟子,學問極博,尤嗜文獻,最熟悉明代掌故,自幼年即以著明史為己任。康熙十八年開明史館,他以布衣參修《明史》。那時是顧炎武的外甥徐元文當總裁,諸纂修官以稿至,皆送斯同覆核。乾隆初刊定《明史》,乃依王鴻緒稿本來增損;鴻緒稿本,即便出之於萬氏之手的。

他「在京師十餘年,士大夫就問無虛日,嘗主講會,每月兩三會,於前史體例,貫穿精熟,指陳得失,皆中肯綮。他博聞強記,於明十五朝之實錄幾能成誦。其外邸抄、野史、家乘,無不遍覽熟悉,隨舉一人一事問之,即能詳述其曲折終始。而於兩漢以降數千年之制度沿革,人物出處,洞然靡不詳悉。」其對於「史學」興趣之濃厚如此。

斯同的精力用在明史稿上，他知道信史之難，故取材構造，力求精當。其所取史料，以實錄為主；其所用方法，在知人論世，而以旁證相互參證。

嘗論修史之意見，謂：

> 史之難言久矣，非事信而言文，其傳不顯。李翱、曾鞏所譏魏晉以後賢奸事迹，暗昧而不明，由無遷、固之文是也。而在今則事之信尤難，蓋俗之偷久矣，好惡因心，而毀譽隨之；一家之事，言者三人，則其傳各異矣，況數百年之久乎？言語可曲附而成，事迹可鑿空而構，其傳而播之者，未必皆直道之行也，其聞而書之者，未必有裁別之識也，非論其世、知其人，則吾以為信，而人受其枉者多矣！吾少館於某氏，其家有歷朝實錄，吾讀而詳識之。長遊四方，就故家長老求遺書，考問往事，旁及郡志、邑乘、雜家志傳之文，靡不網羅參伍，而要以實錄為指歸。蓋實錄直載其事與言，而無所增飾者也。因其世以考其事，核其言而平心察之，則其人之本末，十得八九矣。然言之所發，或有所由；事之端，或有所起，而其流或有所激，則非他書不能具也。凡實錄之難詳者，吾以他書證之，他書之誣且濫，吾以所得於實錄者裁之，雖不敢謂俱可信，而是非之枉於人者鮮矣！

這可以說是史學上極重要的意見。至於歷代官家設局修史，沿襲了一個一定的形式，既無組織，又無條理，劉知幾早已批評

過了。萬氏亦批評設局修史的錯誤,謂:

> 昔遷、固才既傑出,又承父學,故事信而言文。其後專
> 家之書,才雖不逮,猶未如官修者之雜亂也。官修之史,倉
> 卒而成於眾人,不暇擇其材之宜與事之習,是猶招市人而與
> 謀室中之事也。吾所以辭史局而就館總裁所著,唯恐眾人分
> 操割裂,使一代治亂賢奸之迹,暗昧而不明耳。

又《史記》《漢書》皆有表,而《後漢書》《三國志》以下無
之,劉知幾謂:「得之不為益,失之不為損。」那當然是說錯的。
萬斯同深知表的特點,謂「史之有表,所以通紀傳之窮;有其人
已入紀傳而表之者,有未入紀傳而牽連以表之者,表立而後,紀
傳之文可省,故表不可廢,讀史而不讀表,非深於史者也。」他
自己著了《歷代史表》以稽攷列朝掌故,還刱宦者侯表、大事年
表二例,也是史學上極重要的貢獻。

全祖望與《宋元學案》

全祖望字紹衣,號謝山,浙江鄞縣人。生於康熙四十四年,
卒於乾隆二十二年(1705~1775),他性格狷介,嘗入翰林,因
不肯趨附時相,便辭官歸。曾主講本郡蕺山書院,因地方官失
禮,便拂衣而去,寧捱餓不肯曲就。晚年被聘主講廣東之端溪書
院,對於粵省學風影響頗深。粵督要疏薦他,他說是以講學為

市，便辭歸，窮餓終老，死時竟至無以為殮！他體弱善病，所有著述，大率成於病中。可惜得年僅及中壽，竟未能竟其所學呀！

他是個史學家，最不愛發空論。所作文字，大都是集紀明末清初掌故及訂正前史舛訛。關於明末仗義死節之士，如錢忠介、張蒼水、黃梨洲、王完勛諸人，從他們立身大節起乃至極瑣碎之遺言佚事，有得必錄，至再至三。他尤善於論列學術流派，黃宗羲所擬綱未就的《宋元學案》，到他手中才賡續下去。他生平著述，除七校《水經注》外，以修補《宋元學案》為最勤，從乾隆十年以至十九年，這十年間，幾無歲不在修《學案》。故《學案》純為黃氏原本者，為數不多，經他修補的倒有十之六七。其中有黃氏原本而為祖望增損的，有梨洲原本所無而為祖望特立的，亦有梨洲原本所有，祖望分其卷第而特為立案的。

我們拿《宋元學案》和《明儒》比較，其特色最容易看出的：第一，不定一尊，各派各家乃至理學以外之學者，平等看待；第二，不輕下主觀的批評，各家學術為並時人及後人所批評者，搜之以入「附錄」，長短得失，令讀者自讀自斷，著者絕少作評語以亂人耳目。第三，注意師友淵源及地方的流別：每案皆先列一表，詳舉其師友及弟子，以明思想淵源所自。又對於地方的關係多所說明，以明學術與環境相互的影響。以上三端，可以說是《宋元學案》比《明儒學案》更進步了。至於裏頭所採資料，頗有失於太繁的地方，是因為他草創初定，未經刪改，不幸又病死了的緣故。

黃梨洲在成《明儒學案》以後，便繼續編《宋元學案》，想

以全力整理此七百年學術門戶，可惜他畢竟太老了，不曾完成這個大工作。他把所有工作交給他的兒子未史去做，未史又不曾纂輯成功。直到全祖望才完成了學案的大體。

祖望死了，這《學案》稿本歸他的門人盧鎬保管。梨洲的元孫稚圭借去謄鈔，因為全祖望的手書多蠅頭細草，而且零星件繫，不可識別，於是由他的兒子平黼正其舛誤，補其缺略，併其件繫，寫成別本，凡 86 卷。到道光十八年（1838）第一次付刻的時候，王黻軒又有校補，梨洲、謝山原表僅存數頁，其餘均由黻軒仿補。元祐、慶元兩黨案亦由他編補。此外尚有《文集粹語》祖望原底未及採錄者，有事載史策未及作傳而僅舉其名者，有再傳三傳之門人有傳而其師友無傳者，有著稱於別學案而本卷反失其傳者，黻軒都為之參補，足成謝山《序錄》百卷之目。黻軒凡三校《學案》，並成《學案補遺》100 卷，可惜以後佚去了。

> 此書象山學案最精，橫渠、二程、東萊、龍川、水心諸案亦佳，晦翁學案次之，百源、涑水諸案，失之太繁，不易見其學術之真相，末附王安石荊公新學略最壞，此由於編者門戶之見所致。

這是梁啟超對於《宋元學案》的批評，我覺得批評頗確當。

第九章　章學誠與《文史通義》

章學誠之生平－六經皆史－《書教》上中下－方志三書－《文
史通義》與《校讎通義》

章學誠之生平

　　章學誠號實齋，浙江會稽人。生於乾隆三年，卒於嘉慶六年
（1738～1801）。幼年多病，十四歲時，四子書[1]還不曾卒業。那時，
他的資質極駑滯，對於史籍却已有極濃烈的興趣，私取《左》《國》
諸書，分為紀表傳志，作《東周書》，幾及百卷，自命為史家。

　　二十歲以後才漸漸有進步，對於史籍有特殊的進境，其中利
病得失，隨口能舉，所舉又都非常得當，這是他的史才的表徵。

　　年二十七歲，天門知縣請他議立縣志，他為作《修志十議》，
他的史見在這十議中已具粗粗的雛形。次年，應順天鄉試不中，從
朱筠學文章，博覽了許多書籍，交往了名流，名聲漸漸大起來了。

　　乾隆三十六年，朱筠為安徽學政，他和邵晉涵、洪亮吉、黃
景仁都在使院，相與問難，他的史學漸漸成熟了。他三十八歲歸

1　四子書：指《論語》《大學》《中庸》《孟子》四部儒家經典。此四書是孔子、曾
　　子、子思、孟子的言行錄，故合稱「四子書」。清邵齕辰《儀宋堂後記》：明太
　　祖既一海內，與其佐劉基以『四子書』章義試士，行之五百年不改，以至於今。

會稽，作《和州志例》，第二年成《和州志》42 篇，這是他對於
史書第一次的嘗試。

年四十歲，主講於定州之定武書院，友人周震榮知永清縣，
請他去修《永清縣志》。就在那一年，他中順天鄉試，明年成進
士。四十四主肥鄉清漳書院，四十六歲主永平敬勝書院。明年，
復應蓮池書院之聘，居保定三年；五十一歲，主歸德文正書院，
在歸德不及一年，移家至亳州，依知州裴振，為修《亳州志》；
五十三歲，往武昌依畢沅，那時畢沅正在編《續通鑑》，就請他
襄助其事。他自己還編了《史籍攷》。

在那幾年中間，他致力於修志，除編成《湖北通志》而外，
又成《常德府志》《荊州府志》各史書。後來畢沅以事被議，他
的《湖北志》也竟因嘉興陳熷橫生阻梗，不得刊行，他憤然離湖
北返鄉。

他鄉居無聊，乃整理《文史通義》，並修訂《史籍攷》。晚年
兩目全瞽，還從事著作，口述意義，由別人代寫。他的著作極多，
可惜散佚得頗多，即如《史籍攷》那麼重要的著作也已不見了。(他
的著作，最近有劉氏嘉業堂本《章氏遺書》，搜羅得最為完備)。

六經皆史

章學誠是中國史學界最傑出的人才，浙東「史學」由他來集
其大成，中國「史學」由他來奠定穩固的基礎。他自謂：「於史
學蓋有天授，自信發凡起例，多為後世開山。」

這並非是驕矜的誇論。他為史學標出一個根本主張，叫做「六經皆史」。這個主張既指示史學的範圍，又打破千百年尊經的錯誤觀念。所以一方面既說：

古之所謂經：乃三代盛時典章法度見於政教行事之實，而非聖人有意作為文字以傳後世也。事實據而理無定形，故夫子之述六經，皆取先王典章，未嘗離事而著理。……若夫國家制度，本為經制。李悝《法經》，後世律令之所權輿，唐人以律設科，明祖頒示大誥，師儒講習以為功令，是即易取經綸之意。國家訓典，臣民尊奉為「經義」，不背於古也。六經初不以尊稱，義取經綸，為世法耳。六藝皆周公之政典，故立為經。夫子之聖，非遜周公，而《論語》諸篇不稱「經」者，以其非政典也。

一方面又說：

愚之所見，以為盈天地間，凡涉著作之林，皆是史學。六經特聖人取此六種之史以垂訓耳。子集諸家，其源皆出於史，末流忘所自出，自生分別，故於天地之間，別為一種不可收拾、不可部次之物，不得不分為四種門戶矣。

這個見解，在現在看去原極平常，在那個尊經泥古的時代，却不免驚訝流俗了。

《書教》上中下

　　章學誠一生篤於治史，而其精力除了方志以外，正集中在《文史通義》一書，其中《書教》上中下三篇，更是他晚年最成熟的見解。史料的蒐輯和保存以及史書的編次，原是相等的困難工作；他在上說：「三代以上，記注有成法而撰述無定名；三代以下，撰述有定名而記注無成法。夫記注無成法，則取材也難；撰述有成名，則成書也易。成書易則文勝質矣，取材難則偽亂眞矣。偽亂眞而文勝質，史學不亡而亡矣！」

　　對於這兩方面都攷慮過一番，他所說的「即如六典之文，繁委如是，太宰掌之，小宰副之，司會、司書、太史，又為各掌其貳，則六典之文，蓋五倍其副貳而存之於掌故焉。是則一官失其守，一典出於水火之不虞，他司皆得藉徵於副策」，雖不免有些穿鑿附會，而史料容易漫滅，他促醒大家去設法保存，這是值得注意的。

　　史書的編次，本無一定的成法，也無可拘守的成例，全看史家怎樣去隨時變通。章學誠對於這一點，最有見地。他說：

　　　　撰述欲其圓而神，記注欲其方以智也。記注藏往以智，而撰述知來擬神也。藏往欲其賅備無遺，故體有一定，而其德為方；知來欲其抉擇去取，故例不拘常而其德為圓。

　　　　《尚書》一變而為左氏之《春秋》，《尚書》無成法而左氏有定例，以緯經也。左氏一變而為史遷之紀傳，左氏依年

月而遷書分類例，以搜逸也。遷書一變而為班氏之斷代，遷書會通變化而班氏守繩墨，以示包括也。遷史不可為定法，固書遷之體而為一成之義例，遂為後世不祧之宗焉。後世失班史之意，而紀、表、志、傳同於科舉之程式，官府之簿書，則於記注、撰述兩無所似。憲（即曆）法久則必差，推步後而愈密，史學亦復類此。紀傳行之千有餘年，學者相承，殆如夏葛冬裘、渴飲饑食，無更易矣。然無別識心裁可以傳世行遠之具，而斤斤如守科舉之程式，不敢稍變，如治胥吏之簿書，繁不可刪；以云方智，則冗複疏舛，難為典據；以云圓神，則蕪濫浩瀚，不可誦識。曷可不思所以變通之道歟？

《左氏》編年，不能典分類例；《史》《漢》紀表傳志，所以濟類例之窮也。俗史轉為類例所拘，以致書繁而事晦，亦猶訓詁注疏所以釋經，俗師反溺訓詁注疏而晦經旨也。夫經為解晦，當求無解之初；史為例拘，當求無例之始。例自春秋《左氏》始也。盍求《尚書》未入《春秋》之初意歟？

所以他對於史體，最推重紀事本末體，謂：

自《隋書·經籍志》著錄，以紀傳為正史，以編年為古史，歷代依之，遂分正附，莫不甲紀傳而乙編年。《通鑑》病紀傳之分，而合之以編年。袁樞《紀傳本末》又病《通鑑》之合，而分之以事類。按本末之為體也，因事命篇，不為常

格，非深知古今大體、天下經綸，不能網羅隱括、無遺無
濫。文省於紀傳，事豁於編年，決斷去取，體圓用神，斯眞
《尚書》之遺也。

而他所希望的新史，便是：

以《尚書》之義為遷史之傳，則八書、三十世家不必分
類，統名曰傳。或攷典章制作，或敘人事終始，或究一人之
行，或合同類之事，或錄一時之言，或著一代之文，因事命
篇，以緯本紀，則較之《左氏》翼經，可無局於年月後先之
累，較之遷之分列，可無歧出互見煩，文省而事益加明，例
簡而義益加精，豈非文質之適宜、古今之中道歟？至於人名
事類合於本末之中，難以稽檢，則別編為表以經緯之，天
象、地形、輿服、儀器，非可本末該之，且亦難以文字著
者，別繪為圖以表明之。蓋通《尚書》《春秋》之本原，而
拯馬史、班書之流弊，其道莫過於此。

他的見解的確是「於前史為中流砥柱，於後學為蠶叢開
山[1]」，可惜他欲著《圓通篇》以暢明義例，欲重編《宋史》以實
現其理想，畢竟不曾實現呀！

1　蠶叢開山：喻指事業的開創或學派的創立。蠶叢相傳為蜀王的先祖，以教民
　　蠶桑而得名。唐李白《蜀道難》：蠶叢及魚鳧，開國何茫然！

方志三書

　　章學誠從《和州志》到《湖北通志》，參加過六次的方志纂修，從《答甄秀才論修志》二書到《方志立三書議》，其見解前後自成一貫。最成熟的當然是在《方志立三書議》中，他說：「凡欲經紀一方之文獻，必立三學之家，仿紀傳正史之體而作志，仿律令典例之體而作掌故，仿文選、文苑之體而作文徵。三書相輔而行，缺一不可。」這是最周密精當的辦法。

　　至於立三書的理由，他在《為畢制府擬進湖北三書序》，有個詳細的說明，謂：

　　　　志者識也，典雅有則，欲其可以誦而識也。今參取古今志義例，翦截浮辭，稟酌經要，分二紀、三圖、五表、六史、四略、五十四傳，以為《通志》七十四篇，所以備史裁也。

　　　　又惟簿書案牘不入雅裁，而府史所職，周官不廢。漢臣賈誼嘗謂：大人之治天下，至纖至悉。前人以為深於官禮之言。司吏典之程、錢穀甲兵之數，志家詳之則嫌蕪穢，略之又懼闕遺。此坐不知小行人分別為書之義也。今於《通志》之外，取官司見行章程，分吏戶禮兵刑工，敍其因革條例，別為《掌故》一書，凡六十六篇，所以立政要也。

　　　　又惟兩漢而後，學少專家，而文人有集。集者，非經而義解，非史而有傳紀，非子而有論說；無專門之長，而有偶

得之義，是以尚選輯焉。志家往往選輯詩文為藝文志，不知藝文仿於漢臣班固，乃群籍之著錄，而方志不知取法，猥選詩文，亦失古人分別之旨。今於本志正定藝文著錄，更取傳記、論說、詩賦、箴銘諸篇，編次甲乙丙丁，上下八集，別為《文徵》一書，所以俟採風也。

　　昔隋儒王通嘗謂：古史有三：《詩》《書》與《春秋》也。愚以為方志義本百國春秋，掌故義本三百官禮，文徵義本十五國風。古者各有師授淵源，各有官司典守。後世浸失其旨，故其為書，離合分併往往不倫。然歷久推行，其法漸著。故唐宋以來，正史而外有會要、會典，文鑑、文類以仿風詩，蓋不期而合於古也。

　　其他對於「方志學」及「史學」，還有一個重要的主張，即是他《與陳觀民論湖北通志書》中所說的「史家之文，惟恐出之於己」的話，他以為：

　　　　文士撰文，第惟恐不自己出；史家之文，惟恐出之於己。其大本先不同矣。史體述而不作，史文而出於己，是謂言之無徵，無徵且不信於後也。是故文獻未集，則搜羅資訪，不易為功。及其紛然新陳，則貴抉擇去取。

　　真是數千年史家未發之至論。

《文史通義》與《校讎通義》

《文史通義》一書，「其中倡言立識，多前人所未發。大抵推原官禮而得於向歆父子之傳，故於古今學術淵源，輒能條別而得其宗旨。」這是章學誠的兒子華紱的話，說得非常扼要；我們要了解他的見解，須得從這《文史通義》中去尋探。

這部書自乾隆三十九年以後陸續寫成，至乾隆五十六年才大致寫定，中間經過 20 年的長期。

全書內篇六卷，外篇三卷，前後貫串，自成統系，的確是精心製作的著述，書中固然亦有討論到其他問題的，大體總以史學為主軸，即其他問題亦輻輳在這根主軸上。他自謂：「鄭樵有史識而未有史學，曾鞏具史學而不具史法，劉知幾得史法而不得史意，此予《文史通義》所為作也。」這話說得最對：文史通義的最大貢獻，就在闡發「史意」上用力。

《書教》篇的重要，上文已說過了。其他如《史德》篇解剖史之三要質為「義」「事」「文」，《說林》篇說明史家兼長三質之難，而歸結於通力合作；《易教》《經解》《原道》諸篇說明史義以事為根據，力斥空談之非是；《史釋》《博約》《浙東學術》諸篇，以史為經世之學，力主古今不相同，必須切合人事；《釋通》《申鄭》《答客問》諸篇，為鄭樵《通志》及袁樞《紀事本末》作後盾，《言公》《古文十弊》《文德》諸篇，申史文「傳人適如其人，述事適如其事」之說，都是極精到的主張。並且外篇中如《地圖序例》《永清縣志輿地圖序例》諸篇，主張「圖象為無言之

史，譜牒為無文之書，相輔而行，雖欲闕而不可」，為圖表作有力的根據，更值得治史者去注意。

《校讎通義》成於乾隆四十四年，凡四卷，遇盜失去第四卷，現存的只有三卷。這部書是史學方法論，是治史者的入門功夫。其三個最重要的方法，條例如下：

A、校讎條理

校讎之先，宜盡取四庫之藏，中外之籍，擇其中之人名、地號、官階、書目，凡一切有名可治、有數可稽者，略仿《佩文韻府》之例，悉編為韻。乃於本韻之下，注明原書出處及先後次第，自一見、再見以至數千百，皆詳注之，藏之館中，以為群書之總類。至校書之時，遇有疑似之處，即名而求其編韻，因韻而檢其本書，參互錯綜即可得其至是。此則淵博之儒，窮畢生年力而不可究殫者，今即中材校勘，可坐於几席之間，非校讎之良法歟？

B、互著

部次流別，申明大道，敘列九流百氏之學，使之繩貫珠聯，無少缺逸，欲人即類求書，因書究學，至理有互通。書有兩用者，未嘗不兼收並載，初不以重複為嫌。其於甲乙部次之下，但加互注以便稽檢而已。古人最重家學，敘別一家之書；凡有涉此一家之學者，無不窮源至委，竟其流別。所謂著作之標準，群言之折衷也。

C、別裁

裁篇別出之法,《漢志》僅存見於此篇及孔子《三朝篇》之出《禮記》而已。充類而求,則欲明學術源委,而使會通於大道,捨是莫由焉。且如敍天文之書,當取《周官‧保章》《爾雅‧釋天》《鄒衍‧言天》《淮南‧天象》諸篇,裁列天文部首,而後專門天文之書,以次列為類焉,則求天文者無遺憾矣!叙時令之書,常取大戴《禮‧夏小正篇》、小戴《記‧月令篇》《周書‧時訓解》諸篇,裁列時令部首,而後專門時令之書,以次列為類焉。叙地理之書,當取《禹貢‧職方》《管子‧地圓》《淮南‧地形》、諸史「地志」諸篇,裁列地理部首,而復專門地理之書,以次為類焉。其學術源流,皆可無憾矣,漢志存其意而未能尤其量,然賴有此微意焉。

第十章　史學界之新曙光

新史料之發見－新態度與新方法－梁啟超與《中國歷史研究法》－著者之小貢獻

中國「史學」現在已轉向一個新時代了，舊時代可以說是完成於章學誠之手，而新時代也就隨着西方文化的輸入一同滋長起來，還有一個最有力的幫助，便是新史料的發見。

新史料之發見

近二三十年來，古器物發見，新史料增加，其豐富為自古所未有：殷墟甲骨、流沙墜簡、敦煌（敦煌）寫書、內閣檔案、東方文字、新鄭古物。

甲、殷墟甲骨

清光緒二十四五年間，河南安陽西北小屯，洹水厓岸被水沖斷，屯民在那裏得了許多刻有古文字的龜甲牛骨，其後又陸續掘出了許多。光緒宣統間出土的，大半歸上虞羅振玉，約有二三萬片；其餘散在各家的萬餘片，彰德牧師明義士（T. M. Menzies，加拿大人）收去六七千片。這數萬片甲骨，都是殷代卜時命龜之辭，記載些祭祀、征伐、漁獵、晴雨的事情。可以依據了攷定殷周的史實、古代社會的情形、先王先公及都邑名

號。王國維的《殷卜辭中所見先公先王考》《殷周制度論》，羅振玉的《殷商貞卜文字考》《殷虛書契攷釋》，便是依據這些材料所得到的成績。

乙、流沙墜簡

清光緒十六年間，英印度政府派遣匈牙利人斯坦因 [1] 博士（Marc Aurel Stein）到新疆來攷古，在尼雅河下流廢址，得魏晉間人所書木簡數十枚。後來在光緒末年，又在羅布淖爾東北古城，得晉初人所寫木簡百餘枚。又在敦煌漢長城故址，得西漢人所書木簡數百枚（原物藏英國博物館）。這些木簡，有的是古書（《蒼頡篇》《急就篇》）、歷日方書，有的是屯戍簿錄，都和史地有極大關係。法人沙畹教授（E D. chavaunes）曾加攷釋，著有專書（羅振玉及王國維依沙畹所著重加攷訂，復著《流沙墜簡》一書）。

丙、敦煌石室

清光緒三十三年，敦煌千沸洞的六朝及唐五代宋初人所寫的卷子本，被斯坦因博士及法國伯希和 [2] 教授（Paul Pelliot）運去

---

1 斯坦因（1862～1943）：英國考古學家。1862 年 11 月 26 日生於匈牙利布達佩斯，後加入英籍。在英屬印度政府支持下，斯坦因曾進入中國新疆、甘肅地區，先後進行 3 次大規模地理測量和考古調查，盜掘了一些古代遺址，掠走了大量珍貴文物，其中包括敦煌莫高窟藏經洞的大批寫經和幡畫。斯坦因著述甚多，其歷次考察概述見於《斯坦因西域考古記》（1933），1936 年譯成中文。

2 伯希和（1878～1945）：法國漢學家，曾任法國遠東學院教授、中國中央研究院院士、俄國科學院院士。曾任職於法國遠東學院（河內）。1906－1908 年活動于中國新疆、甘肅一帶，盜竊敦煌千佛洞大量珍貴文物，運往法國。主編東方學雜誌《通報》。著有《敦煌千佛洞》《馬可·波羅行紀校釋》等。

萬餘卷（今藏法國圖書館）。千佛寺本為佛寺，今為道士所居，當光緒中葉，道院壁壞，始發見古代藏書窟室。他們擄去那麼許多，我們取其餘，也還有萬餘卷（今藏京師圖書館）。

丁、內閣檔案

海參威東洋學院所附屬的圖書館，積有俄人在拳匪亂時從中國及滿洲所得之「滿文」書件，有滿漢並書的，有滿文之下附以漢譯的，大部分是近世史的材料，現在還沒有人整理過。館中人說：「這些材料，總之取來為是；若留在中國，也許毀滅掉。」「也許毀滅掉」五字，並不曾冤枉我們。即如內閣大庫的檔案，有歷朝的硃諭，臣工繳進的敕諭、批摺、黃本[1]、題本[2]、奏本[3]，外藩屬國的表章，歷科殿試的大卷，這是何等有價值的史料。民國十年，北京歷史博物院竟把檔案四分之三，賣給古紙商（共九千麻袋，價四千元），預備拿去造還魂紙[4]。雖是這些檔案由羅振玉收買了去（羅氏已整理十分之一），餘歸德化李盛鐸。其剩餘在歷史博物院的已移歸北京大學），還不知將來他的命運。

1　黃本：又稱黃冊，是京內外各衙門題奏事項之附冊，內容包括河工報銷、營建工程、錢糧報銷、朝審秋審等等，一般是作為題本附件用於經費及錢糧的奏銷。

2　奏本：如官員向皇帝進言內容屬私事，則所進文書稱奏本，不許用印，文書形式與題本相同，而其處理方法亦同。乾隆十三年，諭令向用奏本之處，概用題本，奏本遂廢。

3　題本：清沿明制，中央與地方官員向皇帝進言公事的文書，稱為題本。本末均有「貼黃」，摘錄全本要旨。凡進呈題本，須經內閣票擬諭旨，得旨後批紅，即發交相關衙門執行。

4　還魂紙：再生紙，即用廢舊紙作原料造出的紙。出自《天工開物》。

戊、東方文字

古代，中國北部常在外族的掌握裏，匈奴、鮮卑、突厥、回紇、契丹、西夏都曾雄踞一方，他們的遺物都值得研究。光緒十五年，俄人拉特祿夫在蒙古攷古，於元和林故城北，找到突厥闕特勒碑、苾伽可汗碑、回鶻九姓可汗碑。突厥二碑皆有漢、突厥二種文字，回鶻碑並有粟特文字。

光緒末年，英法德俄四國探險隊，在新疆又發見了許多外族文字寫本，其中除梵文、怯盧文、回鶻文外，還有三種不可識的文字。後來法人哥地奧（Robert Gawthiat）發明其中之一為粟特語，西額（Sieg）及西額林（Sigging）發明其中之又一為吐火羅語，伯希和把其他那一碑也發明為東伊蘭語了。宣統二年，俄人柯智祿夫大佐在甘州古塔也得了西夏文字書。其後，元時所刻的河西文[1]大藏經，也在北京出賣了。

國人對於這些古代語，可惜沒有人研究；而可寶貴的材料，使我們相信可以有大發見，那是必然的。

己、新鄭古物

最近的地下材料出現，要推民國十二年八月，在河南新鄭縣所發見的為最多、最有價值的了。所得古物，鐘、鼎、罍、敦之屬大小 104 件，完全是周代的器物，使我們可以緬想東周時代的制度文物。並且，當時有許多學者跑向原地去調查，雖不能像有計畫的封掘事事可依照科學方法而能全般保存不使散佚，已是中

1　河西文：即西夏文，1227 年蒙古軍隊滅西夏，後稱西夏故地為河西。

國史上第一件難得的事了（今存開封第一學生圖書館）。今年[1]安陽又有古物出土。

除了這些整批而外，其他如民國十一年洛陽東郊所發見的石經，民國十年澠池所發見石器時代的石器、骨器、陶器，民國八年直隸鉅鹿縣所發見的古城，以及今年軍人所挖開的清陵[2]，都是中國史上最有用的史料。以前所發見的，已有這麼許多，將來所可發見的還是無窮，真可說是中國史料的黃金時代！

新態度與新方法

研究學問的新態度，從「五四運動」以後，漸漸明顯起來。前年，疑古玄同因為討論説文及壁中古文經，寫信給顧頡剛説：「咱們對於一切古書，都只認為一種可供參攷的史料而已。對於史料的鑑別去取，全以自己的眼光的知識為衡，決不願舉其書為唯一可屬據的寶典。」這是新態度的一個説明。

又如北京大學《國學門》週刊 1926 年始刊詞，其中有一段最重要的話：「我們要屏棄勢利的成見，用平等的眼光，去觀察所研究的事物。我們研究的目的，只是要説明一件事實，絕不是要把研究的結果送與社會應用。」又如梁啟超在《中國歷史研究法》中説：「有志史學者，務持鑑空衡平之態度，極忠實以蒐集

1　1928 年，在安陽發現了甲骨文和大量物質文化遺存。10 月 13 日，中國考古史上劃時代的殷墟首次試掘開始。1929 年 3 月和 12 月，在李濟主持下對殷墟進行了第二、第三次發掘。

2　1928 年，軍閥孫殿英率部盜挖清東陵。

史料，極忠實以敘論，使恰如其本來。……於可能範圍內，裁抑其主觀而忠實於客觀，以史為目的而不以為手段，夫然後有信史，有信史然後有良史也。」都能把這個新態度詳細說明。這個新態度所引導的是一個新途徑，現在所用的新方法是由於這個源泉出來的。

　　說到新方法，和外來的科學方法當然有密切關係。胡適攷證《水滸傳》《紅樓夢》，標出「如果我們能打破遺傳的成見，能放棄主觀的我見，能處處尊重物觀的證據，我們一定可以得到相同的結論」的主張，影響於治史的方法非常之多。

　　民國十二年間，顧頡剛等人對於古史曾經有過長時間的討論，他們所討論的結果雖未完全確實，他們所用的方法，却是非常有價值的。顧頡剛說明，他討論古史的根本見解是：「我們看史蹟的整理還輕，而看傳說的經歷却重。凡是一件史事，應看他最先是怎樣，後逐步逐步的變遷是怎樣。」而他研究古史，先把每一件史事的種種傳說，依先後出現的次序排列起來，再研究這件史事在每一個時代有什麼樣子的傳說。再次研究這件史事的漸漸演進，由簡單變為複雜，由陋野變為雅馴，由地方的、局部的變為全國的，由神變為人，由神話變為史事，由寓言變為事實，遇可能時，解釋每一次演變的原因。他討論禹的演進史是如此，討論孟姜女的演進史也是如此，這樣一步一步腳踏實地去治史，雖不急急於求結論，真的結論總會出來的。在這個新態度和新方法之下，所有舊史都該重估價值。

　　魏建功在《新史料與舊心理》中說得好：

　　中國的歷史，真正的歷史，現在還沒有。所謂「正史」的確只是些史料。這些史料需要一番徹底澄清的整理，最少要將歷來的烏煙瘴氣的舊心理消盡，找出新的歷史的系統。新歷史的系統是歷史敍述的主體要由統治階級改到普遍的民眾社會，歷史的長度要依史料真實的年限決定，打破以宗法封建等制度中敎皇兼族長的君主的朝代為起訖；歷史材料要把傳說、神話、記載、實物，……一切東西審慎攷查，依攷查的結果，客觀的敍述出來。

梁啟超與《中國歷史研究法》

　　梁啟超字卓如，號任公，廣東新會人。生於清同治十二年，卒於去年一月十九日（1873〜1929）。他是中國現代最博通的學者，其長處尤在「史學」。他一生的著作論文關於「史學」的極多，以《中國歷史研究法》為最有統系。過去的中國史學家，拘束的議論過多。若要促中國史學的發達，就得脫離從前的因襲，要脫離從前的因襲，就非先超越司馬遷、班固的著作和劉知幾、章學誠那幾個人的批判不可。梁啟超這部書是在肩荷建設新「史學」這個使命的。

　　《中國歷史研究法》共分六章：第一章，史之意義及其範圍；第二章，過去之中國史學界；第三章，史之改造；第四章，說史料，第五章，史料之蒐集與鑑別；第六章，史蹟之論次。

　　第一章，梁氏下「史之定義」說：

記述人類社會賡續活動之體相，校其總成績，求得其因
果關係，為現代一般人活動之資鑑者也。其專述中國先民之
活動，供現代中國國民之資鑑者，則曰中國史。

他舉出從前的中國史只是卷帙浩瀚，而記事的內容反覺非常
薄弱的幾多實例，極力說明將來的中國史不可不注重下列諸點的
理由：甲、說明中國民族成立發展之跡，而推求其所以能保存盛
大之故，且察其有無衰敗之徵；乙、說明歷史上曾活動於中國境
內者幾何族，我族與他族調和衝突之跡何如，其所產結果如何；
丙、說明中國民族所產文化以何為本，其與世界他部分文化相互
影響何如；丁、說明中國民族在人類全體上之位置及其特性，與
其將來對於全人類所應負之責任。

第二章，著者於本章，論在中國的「史之起源」和歷代史學
之消長，並就《漢書》《史記》以下之「史的記錄」加以品騭。

第三章，敘述以前的中國史之缺陷，並列舉此後的中國史最
須改良的諸點。例如：向來的中國史以皇帝或一部分的特種階級
為中心，但將來的中國史，則非以社會的全國民為中心不可；以
前的中國史是主觀的，此後却要客觀的。

第四、第五章，著者在這兩章裏，縷述將來編纂中國史時可
供為資料的史料之種類、性質及關於取捨甄別的注意。

第六章「史蹟之論次」，這個標題稍嫌茫漠，著者在此章力
說史學者的最大任務，與其說是單簡的一史實之探究，不如說在
乎查明「史實與史實之脈絡」，綜合彼此有因果關係的若干史實，

謂之「一個史蹟集團」，須將此史蹟集團作為研究之對照。

　　梁啟超在此書中，痛論過去中國史之最大缺點，即在乎其為非科學的，說：「我國史學界，從古以來，未曾經過科學的研究之一階級。」又說：

　　　　須知近百年來，歐美史學之進步，則彼輩能用科學的方法以審查史料，實其發軔也。我國治史者，惟未嘗以科學方法馭史料，故不知而作，非愚則誣之弊，往往而有。

　　這是一個最有力的主張。講到科學的研究，首重材料批判和比較調查。過去的史家，常將史料的批評擱在後面，儘先趕着編纂，所編的史書因以難於憑信。梁啟超排斥以褒貶為主的「主觀史」而獎美批判事實的「客觀史」，和世界的新「史學」已頗相接近了。

　　至於梁啟超對於史料的批評，說：

　　　　吾儕若以舊史作史讀，則馬、班猶不敢妄評，遑論諸子！若作史料讀，則二十四史各有短長，略等夷耳。若作史讀，惟患其不簡嚴，簡嚴乃能一吾趨向，節吾精力；若作史料讀，惟患其不雜博，雜博乃能擴吾範圍，恣吾別擇。

　　亦是一個成熟的見解，可以見得他的見識是非凡拔俗的。

著者之小貢獻

治中國學術的人大都是懷古的，對於古代，無意之中表示一種敬慕的態度，於是古代一變而為黃金時代。其實社會是進化的，那有古代比現代更好的道理？那有古人比現代人更聰明的道理？即以「史學」而論，《春秋》如何比得上《左傳》？《左傳》如何比得上《史記》？鄭樵比劉知幾高明，章學誠比鄭樵更高明。我們是現代人，對於古代決無留戀之必要。

其實，以前的史書，在我們眼裏只是一些史料。現在，人家已替我們來編理新史：瑞典安特生[1]（Johan Gunnar Andersson）在研究中國石器，法國伯希和在考訂敦煌古籍，考狄厄[2]（Henri Cordier）在編《中國通史》，而我們還是故步自封，不能將史料整理似成新史，可說是無上的恥辱。著者極希望於讀者之中，有人於努力創造新史的事業。語云：「取人為善，與人為善」，這本書，是希望「取人為善」的。

1　安特生（1874～1960）：瑞典地質學家、考古學家。1906 年開始擔任瑞典地質調查所所長，1914 年 5 月抵達北京，受聘擔任北洋政府農商部礦務顧問，在華工作長達 12 年，期間拉開了周口店北京人遺址發掘的大幕，更直接主導了仰韶遺址的發掘，被稱為「仰韶文化之父」。1927 年起擔任瑞典遠東博物館館長和考古學教授。著有《龍和洋鬼子》（1928）、《中國人和企鵝》（1933）、《黃土地的兒女》（1934）以及《中國為世界而戰》（1938）等書。

2　亨利‧考狄（1849～1925）：法國著名漢學家，1849 年出生於美國的新奧爾良。考狄曾旅居中國上海（1869～1876），回國後任巴黎東方語言學院教授，是重要的東方學刊物《通報》雜誌的創辦人。一生著述甚豐，主要著作有《中國學書目》5 卷、《中國與西方列強關係史》3 卷和《中國通史》4 卷。

中國近百年史話
中國史學 ABC

曹聚仁　著

責任編輯　王春永

裝幀設計　譚一清

排　　版　黎　浪

印　　務　劉漢舉

出版　　開明書店
　　　　香港北角英皇道 499 號北角工業大廈一樓 B
　　　　電話：（852）2137 2338　傳真：（852）2713 8202
　　　　電子郵件：info@chunghwabook.com.hk
　　　　網址：http://www.chunghwabook.com.hk

發行　　香港聯合書刊物流有限公司
　　　　香港新界荃灣德士古道 220-248 號
　　　　荃灣工業中心 16 樓
　　　　電話：（852）2150 2100　傳真：（852）2407 3062
　　　　電子郵件：info@suplogistics.com.hk

印刷　　美雅印刷製本有限公司
　　　　香港觀塘榮業街 6 號 海濱工業大廈 4 樓 A 室

版次　　2023 年 4 月初版
　　　　© 2023 開明書店

規格　　16 開（210mm×135mm）

ISBN　　978-962-459-279-5